Margret Rettich

Seidenhund und Lumpenköter

Geschichten von besonderen Tieren

Illustriert von Rolf Rettich

Annette Betz Verlag

CIP-Titelaufnahme der Deutschen Bibliothek

Rettich, Margret:
Seidenhund und Lumpenköter: Geschichten von besonderen Tieren /
Margret Rettich. – Wien; München: Betz, 1988
    ISBN 3-219-10428-2

B 498/1
Alle Rechte vorbehalten
Umschlag und Illustrationen von Rolf Rettich
Copyright © 1988 by Annette Betz Verlag im Verlag Carl Ueberreuter,
Wien - München
Gesamtherstellung: Carl Ueberreuter Druckerei Ges. m. b. H.,
Korneuburg
Printed in Austria

INHALT

LUMPENMANNS KÖTER

Es gab massenweise Hunde auf der Insel. Manche waren
groß, manche waren klein, manche waren schwarz, manche waren braun. Es gab welche mit kurzen und welche
mit langen Beinen. Aber alle Inselhunde hatten kurzes
hartes Fell wie aus Borsten, und alle sahen sich irgendwie
ähnlich. Das war kein Wunder, sie waren ja kreuz und
quer miteinander verwandt. Die Inselleute liefen gegen
Abend mit ihren Hunden durch die Wiesen hoch zum
Deich. Dort schwatzten sie miteinander und guckten zu,
wie sich ihre Hunde unten am Watt im schwarzen Schlick
wälzten, wie sie hinter Knüppeln herjagten und wohl
auch mal ein Stück hinausschwammen. Hatte jemand von
ihnen keine Zeit, ließ er seinen Hund allein dorthin lau-
fen. Auf der Insel ging ja niemand verloren.
Bisher hatte es gereicht, wenn ein Hund gesund und munter war. Schön brauchte er nicht zu sein.
Aber dann tauchte dieser Hund auf, der den Gästen im
Ferienhaus gehörte. Dieser Hund war eine Schönheit.
Gegen ihn waren sämtliche Inselhunde nur unscheinbare,
ganz gewöhnliche Kläffer und Köter.

Sein Fell war lang und dicht und sah aus wie Seide, die golden in der Sonne glänzte und violett im Schatten schimmerte. Wenn der Wind hineinfuhr, plusterte es sich auf wie lauter Flaumfedern. Er hatte lange Schlappohren, die fast bis zum Boden reichten. Seine schmale Nase streckte er hochmütig in die Luft. Während die Inselhunde einen Strick oder einen uralten Lederriemen um den Hals trugen, hatte der Seidenhund jeden Tag ein anderes Halsband um. Einmal war es weiß, einmal bunt, einmal hatte es eine silberne Schnalle und einmal einen goldenen Knopf. Die Fleischersfrau erzählte überall herum, daß der Seidenhund nur das feinste magerste Schabefleisch zu fressen bekam. Für die Inselhunde brachte sie aus dem Schlachthaus Beutel voller Abfälle und Knochen mit.

Manchmal gingen die Feriengäste mit ihrem Seidenhund spazieren. Dann hielten sie ihn kurz an der Leine und warteten jedesmal am Wegrand, wenn andere Leute mit ihren Hunden vorbeikamen. Sie gingen auch nie bis zum Deich, sondern höchstens ein Stückchen über die Wiesen.

Sobald sie daheim waren, wurde der Seidenhund gekämmt und gebürstet, bis sein Fell noch mehr glänzte als vorher. Danach lag er auf dem Rasen vor der Terrasse, und um ihn herum lagen Bälle, Ringe, Gummipüppchen und anderes Spielzeug.

Er rührte nichts davon an.

Wenn jemand von den Inselleuten draußen vorbeiging, stand der Seidenhund nicht etwa auf, lief zum Zaun und bellte, wie es Hunde gewöhnlich tun. Er gähnte nur und schloß gelangweilt die Augen.

Die Hunde von der Insel schienen Respekt vor ihm zu

haben. Solange er in der Nähe war, verhielten sie sich scheu und brav. Doch wenn das Ferienhaus hinter ihnen lag, begannen sie zu kläffen. Sie rissen sich los, jagten über den Deich hinweg und wälzten sich am Ufer im Schlamm.

Nun gab es einen Hund auf der Insel, der nicht wie die anderen Inselhunde toben und spielen durfte. Dieser Hund mußte arbeiten.
Er gehörte dem Lumpenhändler, der über die Insel lief und alte Flaschen, Zeitungen und Kleider einsammelte. Dazu spannte er frühmorgens seinen Hund vor einen Karren, der anfangs noch leicht war. Im Laufe des Tages wurde der Karren immer schwerer. Zuletzt war er hoch beladen, und seine Räder drehten sich nur mühsam durch den Sand.

Hinten schob der Lumpenhändler, und vorne zog der Hund. Es war ein großes starkes Tier mit einer breiten Brust, und trotzdem fiel ihm die Arbeit schwer. Wenn sie heimkamen, nagte er die Knochen ab, die sie von der Fleischersfrau bekommen hatten. Dann wälzte er sich auf die zerschlissene Matte vor der Tür, ruhte sich aus und sah zu, wie der Lumpenhändler zur Flasche griff. Für einen Spaziergang zum Deich waren beide zu müde.

Eines Morgens kam der Lumpenhändler mit seinem Hund und seiner Karre am Ferienhaus vorbei. So früh am Morgen waren dort noch die Fensterläden geschlossen, niemand war zu sehen.

Der Lumpenhändler spuckte im hohen Bogen eine Ladung Kautabak über den Zaun. Er konnte Feriengäste nicht ausstehen. Sie bildeten sich wer weiß was ein, schmorten faul in der Sonne und verstreuten überall ihre Abfälle, die er dann einsammeln mußte.

Als er am Abend wieder vorbeikam, lagen die Feriengäste auf der Terrasse im Liegestuhl. Der Seidenhund lag auf dem Rasen und zuckte mit einem Ohr, weil ihn eine Fliege belästigte.

Da blieb der Hund vom Lumpenhändler stehen und knurrte. Er knurrte ganz leise und ließ den Kopf dabei hängen. Er sah den Seidenhund nicht an, aber sein Nakkenfell sträubte sich.

Das Herrchen vom Seidenhund stand auf und rief: »Nehmen Sie Ihren Hund da weg.«

»Mach dir nich in die Büx«, brummte der Lumpenhändler. Er gab seinem Hund einen Tritt auf den Schwanz, und der Hund zerrte die schwere Karre weiter. Im Gehen strich der Lumpenhändler seinem Hund über den Rücken und sagte: »Brav, meine Alte. Denen hast du's gegeben.« Von nun an machte der Lumpenhändler jeden Tag den Umweg am Ferienhaus vorbei, egal wohin auf der Insel er wollte.

Wenn sich frühmorgens dort noch nichts regte, sah er zu, wie sein Hund außen am Zaun entlang wühlte und Löcher buddelte, die von Tag zu Tag tiefer wurden. Er selbst spuckte Kautabak auf den Rasen und warf Papierknäuel hinterher, die vom Tag zuvor noch auf der Karre lagen.

Am Abend ließ er seinen Hund kurz vorher aus dem Geschirr und zog selber die Karre. Der Hund sprang am Zaun hoch. Manchmal knurrte und manchmal bellte er. Der Seidenhund bellte zurück, aber er kam mit seiner dünnen hellen Stimme nicht gegen den Krach vom Lumpenhund an.

Sein Herrchen und sein Frauchen liefen oben auf der Terrasse hin und her und regten sich schrecklich auf.

»Es ist unerhört«, riefen sie, »es ist eine Frechheit, eine Unverschämtheit.«

Der Lumpenhändler grinste nur. Er holte sein großes Taschentuch aus der Hose, schneuzte sich und spuckte aus. Dann pfiff er kurz. Sein Hund kroch zwischen die Deichsel, ließ sich die Riemen umlegen und zerrte die Karre weiter.

Der Lumpenhändler nahm einen Schluck aus der Flasche, und weil sie meist um diese Zeit leer war, warf er sie hinter sich über den Zaun. Sie flog dem Seidenhund haarscharf am Kopf vorbei und zerschellte an der Hauswand. Ein paar Tage später wurde es noch schlimmer.

Der Lumpenhund hatte bereits so tiefe Löcher unter den Zaun gegraben, daß er mit dem Kopf und den Vorderpfoten hindurchkam.

»Er wird unseren Tommi überfallen!« schrie das Frauchen vom Seidenhund. Das Herrchen rannte um die Ecke und kam mit dem zusammengeklappten Sonnenschirm zurück. Wie ein Ritter mit der Lanze lief er damit auf den Lumpenhund zu und trieb ihn auf den Weg. Das Frauchen preßte inzwischen ihren Seidenhund Tommi an sich und jammerte: »Weg mit dir! Weg mit dir!«

Als der Lumpenhändler mit seinem Hund endlich weitergezogen war, warfen das Herrchen und das Frauchen die Löcher am Zaun mit Sand zu. Sie warfen sogar dahinter einen kleinen Wall auf, den sie festtrampelten und mit Steinen beschwerten.

Dann sagten sie zu ihrem Seidenhund: »Du bist gerettet, Tommilein. Der böse, böse Hund kann dir nichts tun.«

Die Inselleute hatten längst mitgekriegt, was sich da abspielte. Einerseits hatten sie ihren Spaß daran, andrerseits fanden sie es nicht richtig, daß der Lumpenhändler die Feriengäste so verärgerte. Immerhin lebten fast alle auf der Insel von ihnen.

»Laß endlich den Quatsch«, sagten sie.

»Wieso? Ich mach doch nichts«, sagte der Lumpenhändler und tat ganz unschuldig. »Was kann ich dafür, daß meine Alte diesen Fatzke nicht leiden kann?«

Dann kam der Sonntag.

Die Glocke von der Inselkirche schepperte so laut, daß alle davon aufwachten und sich zum Gottesdienst fertig machten.

12

Nur der Lumpenhändler drehte sich auf seinem Lager herum und schlief weiter. Sonntags stand er grundsätzlich nicht auf, da angelte er höchstens mal nach einer Flasche, wenn ihm danach war.

Der Lumpenhund lag auf der kaputten Matte vor der Tür in der Sonne. Er ließ die Zunge aus dem Maul hängen und langweilte sich. Hier kam niemand lang, den er anbellen konnte, denn das Haus vom Lumpenhändler lag weit ab von allen anderen Häusern. Eine Weile tat es gut, die müden Knochen zu strecken. Dann hatte er genug. Er stand auf und trottete ins Haus. Dort lag der Lumpenhändler und schnarchte. Der Lumpenhund legte ihm eine Pfote auf den Bauch und wartete. Schließlich schüttelte er sich und lief langsam fort.

Jeden Sonntag lief der Lumpenhund ein Stückchen kreuz und quer über die Insel. Diesmal allerdings lief er schnurstracks zum Ferienhaus.

Es war ganz still dort. Vielleicht wurde der Seidenhund grade ausgeführt. Vielleicht waren auch sein Herrchen und sein Frauchen mit ihm irgendwohin essen gegangen. Der Lumpenhund konnte sich ungestört ein tiefes Loch unter dem Zaun buddeln. Den lächerlichen kleinen Wall mit den Steinen schob er einfach mit den Pfoten beiseite. Dann stand er auf dem Rasen und guckte sich um. Überall lagen Bälle, Ringe und Gummipüppchen. Der Lumpenhund interessierte sich nicht für solchen Kram. Er schnüffelte mit der Nase am Boden einmal rund um den Garten. Dann fand er den Napf unter der Terrasse. Er war noch halb voll mit magerem Rindfleisch, das von der Sonne etwas vergammelt war. Der Lumpenhund machte sich sofort gierig darüber her. So etwas Gutes hatte er

noch nie gefressen. Er schmatzte und leckte den Napf bis
auf den letzten Rest aus.

Danach schnüffelte er weiter. Oben auf der Terrasse standen die Liegestühle mit weichen Kissen. Der Lumpenhund lümmelte sich eine Weile in den einen Liegestuhl.
Dann zerbiß er den Strohhut, der darunter lag. Er sprang
hoch und zerrte einen Bademantel von der Leine. Er
machte unter den Heckenrosen noch eine dicke Wurst,
dann verschwand er, wie er gekommen war.

Die Feriengäste hatten an diesem Sonntag erleichtert fest-
gestellt, daß der Lumpenhändler mit seinem garstigen Köter nicht vorbeikam. Sie hatten ihren Seidenhund gebadet,
gekämmt und gebürstet und ihm ein nagelneues Halsband umgelegt. Es bestand diesmal ganz und gar aus Glit-
zersteinen. Sie hatten eine Leine an das Halsband ge-
knipst und mit ihrem Liebling einen langen Spaziergang
gemacht.

Vom Deich aus hatten sie zugesehen, wie die Sonne im Wasser unterging. Sie hatten allerdings auch die wilden Inselhunde gesehen, die unten am Ufer herumtobten. Ihr Seidenhund war brav bei ihnen geblieben und hatte nicht gezeigt, daß er solche Spiele mitmachen wollte.

Aber nun, als sie wieder daheim waren, wurde er merkwürdig unruhig. Er lief auf dem Rasen herum, hatte die Nase am Boden und winselte.

Sein Herrchen füllte ihm in der Küche den Napf mit frischen Krabben. Sein Frauchen machte die Petroleumlampe an. Als sie damit auf die Terrasse kamen, sahen sie gerade noch, wie der lange, buschige Schwanz vom Seidenhund durch das neue Loch im Zaun verschwand. Und dann sahen sie, wie er durch die Dämmerung mit wehenden Ohren über die Wiesen und Weiden raste, geradewegs auf den Deich zu.

»Halt, Tommi, komm zurück!« rief sein Herrchen.

»Tommilein, Liebling, lauf doch nicht weg!« schrie sein Frauchen.

Beide rannten hinter ihm her, aber sie waren natürlich lange nicht so schnell wie der Seidenhund. Als sie oben auf dem Deich anlangten, war weit und breit kein Seidenhund mehr zu sehen. Vor ihnen lag die weite dunkle Wasserfläche, in der sich nun die Mondsichel spiegelte.

Es war ganz still. Leise schwappte das Wasser gegen die Holzpfähle am Ufer. Alle anderen Hunde waren längst wieder fort. In der Ferne schimmerten die Lichter der Inselhäuser.

Das Herrchen und das Frauchen liefen oben auf dem Deich hin und her und riefen nach ihrem Liebling. Manchmal, zwischendurch, fiel das Frauchen dem Herrchen weinend in die Arme. Manchmal mußte das Herrchen stehenbleiben und nach Luft schnappen und sein Herz beruhigen. Dann riefen sie weiter.

Sie bekamen keine Antwort.

Nach einer Weile sagte das Herrchen: »Die Polizei! Ja, die Polizei muß ihn suchen!«

Sie stolperten im Dunkel den Wiesenweg zurück, an ihrem Haus vorbei, wo auf der Terrasse das Petroleumlicht schimmerte, und ins Dorf.

Dort war niemand mehr auf der Straße.

Im Gasthaus fragten sie nach der Polizeistelle, aber es gab gar keine. Es gab nur einen einzigen Polizisten, und der stand gerade an der Theke und trank Bier. Er hörte sich die Geschichte vom Seidenhund an und meinte seelenruhig: »Was regen Sie sich auf? Wir sind eine Insel. Hier geht niemand so leicht verloren.«

»Aber er könnte ertrinken«, sagte das Herrchen.

»Hunde können schwimmen«, sagte die Gastwirtin und füllte zwei Glas Bier extra für die aufgeregten Feriengäste.

»Jemand könnte ihm was antun«, sagte das Frauchen. Dann mußte sie sich schnell setzen, denn zu ihrem Schrecken fiel ihr der gräßliche bösartige Hund vom Lumpenhändler ein. Sie sprang wieder hoch und wollte sofort dorthin. Alle sollten mitkommen und ihr beistehen, wenn sie den Seidenhund aus den Zähnen dieser Bestie befreite.

Es kamen auch alle mit, teils aus Neugier, teils aus Schadenfreude. Der Polizist stiefelte voran. Er war zuerst da und rief: »He, Lumpenkarl, wo bist du?«

Irgendwo im Dunkel fluchte der Lumpenhändler. Als er

vorhin aufgewacht war, hatte er seinen Hund vermißt, der um diese Zeit nie mehr fortlief. Er hatte ihn zwischen all dem Gerümpel gesucht und war dabei lang hingeschlagen. Seine beiden Schienbeine taten so weh, daß er gar nicht aufhören konnte zu fluchen.

»Hör zu, Lumpenkarl«, sagte der Polizist. »Hier wird ein Hund vermißt. Du weißt schon, der hübsche von den Feriengästen. Hast du ihn gesehen?«

Der Lumpenhändler brüllte: »Was geht mich der fremde Köter an? Meine Alte ist weg, spurlos verschwunden. Läßt mich einfach sitzen mit meinem Kram. Soll ich etwa meine Karre morgen früh allein ziehen? Wenn ich das Mistvieh erwische, gibt es ein Donnerwetter, daß die ganze Insel im Meer versinkt.«

Das Frauchen war dem Herrchen wieder an die Brust gesunken. Sie jammerte: »Das Scheusal hat unsern Tommi überfallen. Vielleicht zerfleischt es ihn grade. Oder erwürgt oder zerfetzt oder ermordet ihn. Ich halte es nicht mehr aus. Hilft uns denn niemand?«

»Immer mit der Ruhe«, sagte der Polizist, »bei dieser Finsternis können wir gar nichts machen.« Er brach die Suche ab und machte sich mit den Inselleuten wieder auf den Weg ins Gasthaus. Das Herrchen und das Frauchen tappten noch eine Weile über den Wiesenweg und immer wieder hoch zum Deich. Sie riefen unentwegt, doch der Seidenhund blieb verschwunden. Da gaben sie es auf.

Sie gingen zurück und setzten sich auf der Terrasse in die Liegestühle. Dort deckten sie sich mit Decken zu bis zum Hals und begannen zu warten. Wenn sie ein Geräusch hörten, fuhren sie hoch und lauschten. Wenn alles still blieb, sanken sie wieder zurück.

Das Frauchen seufzte und schnaubte in ihr Taschentuch. Das Herrchen paffte eine Zigarette nach der anderen. Die Nachtmotten taumelten in die Petroleumlampe. Der Wind strich durch die Blätter. So verging fast die ganze Nacht.

Im Osten wurde es allmählich hell, da hörten das Frauchen und das Herrchen etwas. Beide sprangen so schnell hoch, daß hinter ihnen klappernd die Liegestühle zusammenfielen. Sie rannten über den Rasen, und das Herrchen trug dabei die Lampe.

Durch das Loch im Zaun zwängte sich der Seidenhund. Er mußte es sein, obwohl er eher aussah wie ein nasser Putzlumpen. Er war von der Nase bis zum Schwanz schwarz von Morast. Um seinen Hals und auf seinem Rücken lagen Klumpen von Schlick und Fäden von Tang. Erst strich er dem Herrchen und dem Frauchen um die Beine, dann stellte er sich mit breiten Pfoten auf und schüttelte sich, daß die beiden von oben bis unten naß und dreckig wurden.

Plötzlich bewegte sich wieder etwas bei dem Loch im Zaun. Der Lumpenhund war hinterher gekrochen. Er sah nicht besser aus, nur fiel bei ihm der Unterschied nicht auf, er war ja immer schmutzig und verkommen.

Während es dem Herrchen und dem Frauchen die Sprache verschlagen hatte und während das Frauchen vor Schreck fast in Ohnmacht und dem Herrchen vor Verblüffung fast die Lampe aus der Hand gefallen wäre, sprang der Seidenhund den Lumpenhund an. Beide wälzten sich durch das Gras, aber sie bissen sich nicht. Sie rollten umeinander, und der Seidenhund kläffte hoch, der Lumpenhund bellte tief.

18

Dann sprang der Seidenhund auf und jagte rund um den Rasen. Sofort jagte der Lumpenhund hinterher. In der dritten Runde hatte er den Seidenhund endlich eingeholt. Er sprang über ihn hinweg, überschlug sich und blieb auf dem Rücken liegen. Der Seidenhund landete über ihm, und schon rollten beide wieder miteinander im Gras.

Endlich brachte das Frauchen wieder den Mund auf. Sie schlug die Hände über den Kopf und rief: »Tommi, wie kannst du nur!«

Das Herrchen nahm allen Mumm zusammen und stürzte sich zwischen die beiden Hunde. Er packte den Seidenhund rechts und den Lumpenhund links und zerrte sie auseinander. Die Hunde ließen es brav mit sich geschehen. Der Lumpenhund legte sich sogar flach auf den Bauch, sah zum Herrchen hoch und peitschte mit dem Schwanz. Der Seidenhund war herumgesprungen und dann seinem Frauchen um den Hals gefallen. Sie hielt ihn fest und stammelte: »Tommi, mein Liebling.« Dabei wurde sie ganz schwarz.

Der Lumpenhund lief zur Terrasse. Er fand den Futternapf voll Krabben und schleckte sie gierig auf.

»Weg mit dir, du widerlicher Köter«, rief das Frauchen.

»Mach, daß du fortkommst«, rief das Herrchen.

Der Lumpenhund ließ sich nicht stören. Erst als der Napf leer und sauber war, drehte er sich herum. Und dann gab er dem Seidenhund einen Kuß. Wie ein Kuß sah es wenigstens aus, als der Seidenhund und der Lumpenhund die Nasen aneinander rieben. Und beide wedelten dabei mit dem Schwanz.

Endlich kroch der Lumpenhund durch das Loch am Zaun und rannte weg.

Inzwischen war es hell geworden.

Das Frauchen trug den Seidenhund ins Haus.

Das Herrchen holte die Schaufel und warf das Loch zu. Dann schleppte er das Gitter herbei, das sonst den Keller-schacht abdeckte. Er trat es fest auf die Stelle, wo das Loch gewesen war. Hier würde sich kein Lumpenhund mehr durchzwängen.

Das Frauchen hatten den Seidenhund inzwischen in ein Schaumbad gesteckt. Sie mußte das Wasser dreimal er-neuern, bis es sauber blieb. Sie trocknete den Seidenhund mit einem großen Badetuch ab, fönte ihn trocken und bürstete ihn, bis sein Fell wieder golden glänzte – mit einem violetten Schimmer.

Sonst ließ sich der Seidenhund diese Prozedur geduldig gefallen. Diesmal hatte er sich in den Armen vom Frau-

20

chen gedreht und gewunden. Er hatte ihr ein paar blaue Flecke getreten, und sowie sie ihn losgelassen hatte, war er hinausgewetzt. Er hatte sich draußen an den Zaun gestellt, und dort stand er immer noch. Er sah in die Richtung, in der der Lumpenhund verschwunden war.

Der Lumpenhund kam nicht wieder vorbei.
Dem Lumpenhändler war der Aufstand vom Abend vorher so in die Knochen gefahren, daß er mit seiner Karre lieber woanders lang zog.
Aber auch das Herrchen und das Frauchen hatten genug. Sie packten vorzeitig ihre Koffer, gaben die Schlüssel bei der Vermieterin ab und stiegen auf das Schiff, das sie zum Festland brachte.
Die Insel wurde hinter ihnen immer kleiner.
Nach einigen Wochen bekam der Lumpenhändler Last mit seinem Hund. Der wurde dick und faul und zerrte die Karre nur noch widerwillig durch den Sand.
Neun Wochen später stapfte der Lumpenhändler nach einem verschlafenen Sonntag über sein Grundstück. Im Schuppen, wo alte Säcke voller Lumpen gesammelt lagen, blieb er stehen und kratzte sich am Kopf.
»Das hätte ich nicht von dir gedacht, Alte«, sagte er, »nun bin ich wohl so eine Art Opa.«
Der Lumpenhund, der eigentlich eine Hündin war, lag in einer dunklen Ecke auf einem Berg von Säcken. Fünf kleine blinde Hündchen saugten an ihren Zitzen.
Drei von ihnen waren schwarz oder braun und hatten kurzes borstiges Fell wie alle Inselhunde.
Aber zwei sahen anders aus. Ihr Fell war lang und zart und war golden mit einem violetten Schimmer.

21

MICHELS KANINCHEN

Michel hat ein Kaninchen.
Es ist aus weißem Plüsch und am Bauch schon geflickt.
Dreckig ist es auch, weil Michel so viel mit ihm spielt.
Manchmal ist es eine Prinzessin, und Michel ist ein Dra-
che. Manchmal ist es ein Astronaut, den Michel zum
Mond schickt. Manchmal ist es ein Indianer, der von Michel aus dem Urwald gerettet wird.
Michel trennt sich nie von seinem Kaninchen. Beim Essen
sitzt es neben seinem Teller, in der Nacht liegt es neben
ihm im Bett, und tagsüber steckt es mit dem Pausenbrot
in seiner Schultasche. Seit kurzem geht Michel nämlich in
die Schule. Mama sagt jetzt manchmal: »Eigentlich bist
du zu groß für das Theater mit dem Kaninchen.«
»Bin ich nicht«, sagt Michel dann und steckt sein Kaninchen vorn in den Pullover, daß nur die Schlappohren vor-
gucken.

Aber dann sieht Michel das andere Kaninchen.
Es ist an dem Tag, an dem Mama mit ihm ins Kaufhaus
geht und ihm neue Jeans kauft, weil die alten zu kurz ge-

worden sind. Außerdem braucht Mama ein Teesieb, und sie fahren mit der Rolltreppe hoch zum dritten Stock, wo es Haushaltwaren gibt. Mama läuft mit Michel herum, bis sie das richtige Sieb gefunden hat.

Aber danach weiß sie nicht mehr, wo die Rolltreppe war, und so passiert es, daß sie mit einemmal zwischen lauter Regalen sind, auf denen Meisenringe, Fischfuttertüten, Hundeleinen und Katzenstreubeutel liegen. In einem Käfig flattern bunte Vögel, und durch ein Wasserbassin huschen Fische. Ein Verkäufer holt gerade welche heraus und läßt sie in einen Plastikbeutel voll Wasser gleiten.

»Die armen Dinger in dieser stickigen Kaufhausluft«, sagt Mama.

Sie meint aber nicht die Vögel und auch nicht die Fische, sie meint etwas anderes. Hinter einer Glasscheibe hoppeln vier kleine Kaninchen herum. Drei sind braun, und eins ist weiß wie Michels Plüschkaninchen.

Michel hat noch nie lebendige Kaninchen gesehen. Als er an die Scheibe klopft, hebt das weiße Kaninchen den Kopf, schnuppert und macht Männchen.

»Ist das niedlich!« ruft Michel.

Mama regt sich auf: »Wie kann man hier Tiere einsperren! Das müßte verboten werden!«

»Ach was«, sagt der Verkäufer, »die bleiben nicht lange hier, die gehen weg wie warme Semmeln. Es ist eine Zwergrasse, bestens geeignet für Etagenwohnungen mit Balkon. So was suchen die Leute.«

»Wir haben eine Etagenwohnung mit Balkon«, sagt Michel.

Mama zieht ihn weiter und sagt: »Nein. Kaninchen gehören in einen Garten oder auf eine Wiese.«

Am Abend kommen Papa und Mama und wollen Michel gute Nacht sagen. Sie merken gleich, daß das Plüschkaninchen nicht da ist. Papa findet es unterm Bett und will es auf Michels Kopfkissen legen, aber Michel dreht sich herum und sagt: »Ich mag es nicht mehr.«

»War es etwa ungezogen in der Schule?« fragt Papa.

»Es ist ausgestopft und aus Plüsch und nicht richtig lebendig«, sagt Michel und zieht sich die Decke über den Kopf.

Mama erzählt Papa von den kleinen Kaninchen im Kaufhaus, und Papa sagt: »Aber Michel, wir können doch keine Kaninchen in unserer Wohnung einsperren.«

»Im Kaufhaus sind sie viel eingesperrter«, ruft Michel unter der Decke.

Mama sagt wieder: »Kaninchen gehören in einen Garten oder auf eine Wiese. Sei nicht unvernünftig, Michel.«

Dann knipsen Papa und Mama das Licht aus und lassen Michel allein.

Michel ist gar nicht unvernünftig. Er muß nur immerzu an die vier kleinen Kaninchen denken, die jetzt ganz allein im dunklen Kaufhaus eingesperrt sind. Wenn Michel ein Ritter wäre, würde er auf einem weißen Roß die Rolltreppe hochreiten und sie befreien.

Aber Michel ist leider nur Michel. Er weiß nicht, wie er den armen kleinen Kaninchen helfen kann.

Samstags gehen Papa und Mama immer mit Michel einkaufen. Diesmal verschwindet Mama unten im Kaufhaus in der Lebensmittelabteilung. Papa besorgt dies und das, und Michel muß bei ihm bleiben. Dabei möchte er am liebsten gleich in den dritten Stock zu den Kaninchen.

Papa kauft erst Zeitungen. Dann probiert er neue Mützen auf. Danach will er eine neue Kneifzange kaufen. Aber vorher fällt ihm ein, daß Michels Schuhe besohlt werden müssen. »Auf zur Absatzbar«, sagt Papa und schiebt Michel auf die Rolltreppe.

Die Absatzbar ist oben im dritten Stock, hinter den Haushaltwaren. Und dort sind auch die Kaninchen. Michel will gleich hinrennen, aber Papa hebt ihn auf einen hohen Hocker und zieht ihm die Schuhe aus.

Der Schuhmacher guckt Michels Schuhe an, guckt Papa an und sagt: »Das wird eine halbe Stunde dauern.«

»Macht nichts«, sagt Papa zu Michel, »du wartest hier auf mich, und ich kaufe inzwischen die Kneifzange.«

»Ich passe auf ihn auf«, sagt der Schuhmacher, dann dreht er sich um und sucht die richtigen Sohlen für Michels Schuhe aus.

Michel dreht sich auf seinem Hocker auch herum.

Die Leute schieben und drängeln vorbei. Direkt vor Michel ist ein Gestell mit Kochtöpfen, dahinter sind Pfannen und Kessel.

Irgendwo müssen auch die Kaninchen sein.

Langsam rutscht Michel vom Hocker herunter. Er ist jetzt nicht mehr Michel auf Strümpfen, sondern ein tapferer Ritter, der sich aufgemacht hat und durch einen Wald von Töpfen, Schüsseln und Körben dorthin reitet, wo vier arme kleine Gefangene schmachten.

Aber hinter der Glasscheibe sitzt nur noch ein einziges Kaninchen. Es ist das weiße, das so aussieht wie Michels Kaninchen aus Plüsch.

Michel klopft gegen die Scheibe. Das Kaninchen rührt sich nicht, es zittert nur ein wenig mit der Nase.

25

»Mach Platz«, sagt der Verkäufer und schiebt Michel zur Seite. Dann hebt er die Glasplatte an und holt das Kaninchen heraus. Er hält es einem Mann und einer Frau hin und sagt: »Das letzte aus einem Wurf, die anderen sind schon verkauft. Hervorragende Zwergrasse, ganz zahm und zutraulich.«

»Darf ich es mal anfassen?« fragt Michel.

»Nein, du nicht«, sagt der Verkäufer und hebt die Arme hoch.

Da beginnt das Kaninchen zu strampeln. Es springt hinunter und hoppelt davon.

Der Verkäufer rennt hinter dem Kaninchen her, und Michel rennt hinter dem Verkäufer her. Sie bücken sich und gucken unter jedes Regal und hinter jeden Ständer. Sie kriechen auf allen vieren zwischen den Leuten herum und bekommen von der Seite einen Schubs und von hinten einen Stoß.

Das Kaninchen können sie nirgendwo entdecken.

Nach einer Weile gibt der Verkäufer die Suche auf. Er muß ja die Leute bedienen, die schon ungeduldig in seiner Abteilung auf ihn warten.

Michel sucht auf eigene Faust weiter.

Er vergißt, daß er keine Schuhe anhat.

Er vergißt, daß er in der Absatzbar auf Papa warten soll.

Er denkt nur noch an das kleine weiße Kaninchen, das sich im Kaufhaus verirrt hat und das er unbedingt finden muß.

Michel fährt hoch in die Gardinenabteilung und runter zu den Damenkleidern. »Huch!« rufen die Damen, wenn er in die Ankleidekabinen guckt.

Michel fährt wieder hoch, diesmal zu den Polstermöbeln, und er fährt wieder runter, diesmal zu den Schuhen. »Laß das sein!« ruft ein Mann, dem Michel zwischen den Beinen hindurchkrabbelt.

In die Lebensmittelabteilung, wo das Kaninchen vielleicht Salat naschen will, fährt Michel lieber nicht. Dort könnte ihn ja Mama erwischen. Auch um die Werkzeugabteilung, wo Papa in den Kneifzangen wühlt, macht Michel einen Bogen.

Aber sonst sucht Michel im ganzen Kaufhaus. Er fährt immerzu auf der Rolltreppe runter und im Fahrstuhl hoch, und dann wieder umgekehrt im Fahrstuhl nach unten und auf der Rolltreppe nach oben.

Das weiße Kaninchen ist spurlos verschwunden.

Plötzlich schrillen die Alarmsirenen.

Michel ist grade in der Lampenabteilung. Er sieht, wie die Leute kopflos durcheinanderrennen. Sie drängen zum Fahrstuhl und zur Rolltreppe und suchen den Notausgang. Dabei rufen sie aufgeregt: »Was ist los? Ein Raubüberfall? Oder brennt es irgendwo? Vielleicht explodiert es gleich! Nur schnell weg von hier!«

Eine dicke Frau packt Michel und will ihn mitziehen, aber Michel macht sich los. Er hockt sich hinter ein Podest, auf dem viele Lampen aufgebaut sind. Und nun rennen Feuerwehrmänner und Polizisten an ihm vorbei.

Michel duckt sich noch ein wenig tiefer. Er hält sich mit beiden Händen die Ohren zu, weil die Sirenen überhaupt nicht aufhören wollen. Vielleicht bedeuten sie ja etwas Schlimmes, das gleich passieren wird. Michel fällt ein, daß man sich in einem solchen Fall am besten platt auf den Bauch legt.

Michel liegt also mit der Nase auf dem schmutzigen Teppichboden. Als er die Nase ein bißchen dreht, kann er unter das Podest gucken.

Und dort hockt das Kaninchen!

Es hockt seelenruhig zwischen lauter Kabeln und Leitungen und Drähten und knabbert daran. Michel braucht nur hinzulangen, schon hat er es.

Er steckt sich das Kaninchen unter seinen Anorak in den Pullover, und mit einemmal ist es ruhig.

Die Sirenen schweigen. Der Alarm ist vorbei.

»Du Schlingel«, sagt Michel zum Kaninchen, »da hast du ja was Schönes angestellt!«

Die Feuerwehrmänner und die Polizisten sind weg, und die Leute sind alle wieder da. Aus dem Lautsprecher

kommt eine Stimme: »Die Ursache des Alarms war nur ein kleiner Defekt an einem Kabel. Wir bitten um Entschuldigung und danken allen Kunden für ihr Verständnis. Wir wünschen weiterhin einen guten Einkauf.«

In der Absatzbar warten Papa und Mama. Sie sind schrecklich aufgeregt. Als die Sirenen losgingen, hat sich Mama nämlich vorgestellt, daß Michel irgendwas zugestoßen ist. Sie hat Papa gesucht und ihm Vorwürfe gemacht, daß er nicht besser auf Michel aufgepaßt hat. Papa hat dem Schuhmacher die gleichen Vorwürfe gemacht, und der Schuhmacher hat gerade zu Papa und Mama gesagt, er sei hier, um Schuhe zu reparieren. Sie hätten gefälligst auf ihren Michel selber aufpassen sollen. Und dann hat er ihnen Michels Schuhe hingestellt, die längst fertig sind.

Mama jammert grade: »Barfuß ist das arme Kind auch noch!«

Da steht Michel auf einmal vor ihnen. Er ist ganz munter und unversehrt, obwohl er nur Strümpfe anhat. Und vorn in seinem Pullover wackeln zwei Kaninchenohren.

Erst freuen sich Papa und Mama, weil sie Michel wiederhaben. Aber danach wollen sie gleich wissen, woher Michel das Kaninchen hat. Und als sie es wissen, muß Michel das Kaninchen zurück in die Tierabteilung bringen. Dort steckt es der Verkäufer wieder hinter die Glasscheibe. Das Kaninchen hockt sich in die hinterste Ecke und rührt sich nicht mehr. Es zittert nur ein ganz kleines bißchen mit der Nase.

Michel zittert mit dem Kinn. Das tut er immer, wenn er weinen muß und nicht will. Papa legt den Arm um ihn und sagt: »Aber Michel, wir können das Kaninchen doch nicht in unserer Etagenwohnung einsperren.«

Das hat er schon mal gesagt, darum sagt Michel auch wieder: »Hier ist es doch viel, viel eingesperrter.« Und nun heult er wirklich. Er heult so laut, daß die Leute stehenbleiben und den Kopf schütteln.

Papa stöhnt und Mama seufzt.

Dann kaufen sie das Kaninchen. Sie kaufen auch noch einen Korb, in dem Michel es heimträgt. In der Werkzeugabteilung kaufen sie Nägel, Drahtgeflecht und Scharniere für einen kleinen Stall, der auf dem Balkon stehen soll. Und in der Lebensmittelabteilung einen ganzen Beutel voll Salat.

Michel ist so glücklich, daß er am Abend wieder sein Plüschkaninchen mit ins Bett nimmt.

Viel lieber hätte er natürlich das richtige Kaninchen mitgenommen. Aber das haben Papa und Mama nun doch nicht erlaubt.

RIEKES PFERD

Rieke hat jetzt ein Pferd.
Es ist schlank und braun und hat eine wehende helle
Mähne. Im Winter soll es in den Stall, wo früher Uropas
Pferd stand. Aber jetzt im Sommer ist es auf der Weide
hinter der Scheune. Dort macht es große Sprünge und ga-
loppiert übermütig im Kreis herum. Riekes Pferd ist noch
ganz jung. Erst im übernächsten Jahr darf Rieke darauf
reiten. Jetzt besucht sie es, sooft sie kann, und bringt ihm
Apfelstückchen und Würfelzucker.
Ständig kreuzt dann auch Uropa auf. Er hat einen ganz
krummen Rücken und schlurft langsam und mühevoll am
Stock. Großmama sagt, er hat seine Knochen so verbo-
gen, weil er im Leben soviel schuften mußte.
Uropa steht neben Rieke am Weidegatter und schimpft:
»Neumodischer Schnickschnack, ein Pferd zum Reiten.
Das ist was für reiche Leute, aber nicht für unsereins. Für
unsereins ist ein Pferd zum Arbeiten da, nicht zum faulen
Rumhopsen. Zu meiner Zeit gab's so was nicht.«
Rieke denkt dann: Uropas Zeit ist zum Glück längst vor-
bei.

In der Diele hängt eine alte Fotografie, die stammt aus Uropas Zeit. Uropa steht darauf vor der Stalltür, und neben ihm steht sein Pferd Liese. Es ist ein schwerer Ackergaul und sieht ganz anders aus als Riekes junges schlankes Pferd.

Großmama hat Rieke oft erzählt, was die Liese früher alles ziehen mußte: den Pflug, die Egge, das Jauchefaß, den Erntewagen, die Holzstämme aus dem Wald und sogar die Kutsche. Denn damals, als Großmama ein kleines Mädchen war wie Rieke, fuhren die Urgroßeltern mit der Kutsche in die Kirche oder in die Stadt zum Einkaufen. So war das zu Uropas Zeit.

Jetzt ist das anders. Wenn Riekes Eltern in die Stadt oder zur Kirche wollen, setzen sie sich bequem ins Auto und sind im Nu da. Und auf dem Hof gibt es einen Traktor, der zieht alles und ist fünfmal so stark wie Uropas Pferd.

Aber dann passiert das Pech mit dem Traktor.

Ausgerechnet an dem Tag, an dem der Mähdrescher von der Genossenschaft den Roggen runterholt – ausgerechnet da geht der Traktor kaputt. Riekes Vater hantiert fluchend am Motor herum. Riekes Mutter hängt am Telefon und alarmiert sämtliche Werkstätten im Umkreis. Großmama macht sich auf und will Hilfe bei den Nachbarn holen. Und der Mann auf dem Mähdrescher kann nicht weiter, weil alle Gummiwagen voll Getreide gespuckt sind und vom Traktor fortgezogen und geleert werden müßten.

In diesem Durcheinander humpelt Uropa herum und gibt seine Weisheiten zum besten: »Sowas kam zu meiner Zeit nicht vor. Meine Liese hat nie gestreikt. Wenn sie das ver-

sucht hätte, hätte ich ihr eins mit der Peitsche übergezogen. Aber meine Liese war immer flott.«

»Jaja, Liese war ein Wundertier«, ruft Großmama, die grade vorbeisegelt.

»War sie auch«, sagt Uropa, »und wenn ihr auf mich hört, legt ihr dem kleinen Gaul drüben auf der Weide das Geschirr über und bringt den Traktor auf den Schrott.«

»Nein«, ruft Rieke ganz empört.

Uropa reibt sich den Rücken und brummt: »Es gibt sowieso gleich ein Wetter.« Dann verschwindet er in seiner Kammer.

Der Himmel über dem Waldrand ist dunkel geworden. Die Sonne verschwindet hinter einer Wolke. Zum Glück rattern zwei Nachbarn mit ihren Traktoren heran und holen die vollen Gummiwagen vom Feld in die Scheune. Und gleich darauf bricht das Gewitter los. Es blitzt und donnert und gießt in Strömen.

Alle müssen erst das nasse Zeug und die Stiefel ausziehen, ehe Großmama sie in die Küche läßt. Dort gibt es dann frischen Butterkuchen und Kaffee. Großmama sagt zu Rieke: »Lauf mal und hol Uropa.«

Rieke sucht im ganzen Haus, aber Uropa ist nicht da. Rieke sucht auch in der Scheune, in der Waschküche, im Geräteschuppen und bei den kleinen Ferkeln, aber sie findet ihn nicht.

Rieke findet Uropa endlich im alten Pferdestall. Er ist klitschnaß. Riekes Pferd ist bei ihm, und es ist genauso naß. Es tänzelt unruhig herum und verdreht die Augen. Wenn es draußen blitzt und donnert, will es mit den Vorderbeinen hochsteigen.

Uropa hält es am Halfter fest und redet ihm gut zu. Da wird es ruhig und legt seinen Kopf auf Uropas Schulter.

»Hat es vielleicht Angst?« fragt Rieke zaghaft.

»Klar hat es Angst«, brummt Uropa, »es ist ja nicht so ein totes Ding wie der Traktor, den man einfach im Regen stehen läßt und Kaffee trinken geht.« Er tätschelt das Pferd am Hals und murmelt ganz leise irgendwas, was Rieke nicht versteht. Und das Pferd schnuppert an Uropas Ohr.

Nach einer Weile fragt Uropa: »Hat es denn schon einen Namen?«

Rieke schüttelt den Kopf. Ihr Pferd soll einen ganz, ganz ausgefallenen Namen bekommen. Es gibt eine lange Liste, aber Rieke hat sich noch nicht entschieden. Von Großmama weiß sie, daß Uropas Pferde immer Liese hießen. Und Rieke sagt: »Es heißt Liese.«

PETERS SCHWALBENKIND

»Schwalben bringen Glück«, sagte die Nachbarin zu Großmama, »haben Sie schon gesehen? An Ihrem Haus bauen Schwalben ihr Nest.«

»Schwalben machen Dreck«, sagte der Postbote zu Großmama, »ich würde es nicht zulassen, daß Schwalben bei mir ihr Nest bauen.«

»Doch, laß es zu!« rief Peter, der bei Großmama seine Ferien verbrachte.

»Natürlich lassen wir es zu«, sagte Großmama, »Glück können wir brauchen, und ein bißchen Dreck macht uns nichts aus.«

Dann guckten sie durch das Küchenfenster zu, wie zwei Schwalben unermüdlich hin und her schossen und wie allmählich am Hausfirst unter der Dachrinne ein kugelrundes Nest entstand. Zuletzt sah es aus wie ein halber Ball, der dort klebte. Vorn hatte es ein kleines Schlupfloch, gerade groß genug für eine Schwalbe.

Peter holte sich eins von Großmamas klugen Büchern und studierte es eine Weile. Dann sagte er zu Großmama: »Weißt du, wie Schwalben ihr Nest bauen? Sie holen in ihrem Schnabel Lehm und verkneten ihn mit ihrer Spucke zu Brei. Damit kleben sie das Nest zurecht.«

»Lehm?« sagte Großmama, »Lehm gibt es hier weit und breit nicht. Hier bei uns gibt es nur Sand.«

»Na gut, dann nehmen sie eben Sand«, sagte Peter, »Sand geht sicher genausogut. Die Schwalben werden es schon wissen.«

Am nächsten Morgen fegte Großmama am Haus entlang. Wo oben das Schwalbennest klebte, lagen unten lauter Fusseln und Hälmchen.

»Ist das der Dreck, den der Postbote meint?« fragte Peter.

»Ach wo«, sagte Großmama, »mit diesem Zeug haben sich die Schwalben das Nest warm und weich ausgepolstert.«

»Heiraten sie jetzt?« fragte Peter.

Großmama lachte und nickte. Dann klatschte sie in die Hände und rief: »Schsch! Weg mit dir!«, denn Nachbars Katze schlich durch das Gebüsch und starrte zum Dachfirst hoch. Großmama warf ein Scheit Holz nach ihr, und die Katze raste mit langen Sätzen davon.

Großmama und Peter rückten den Tisch ans Küchenfenster. Nun konnten sie beim Essen bequem den Schwalben zugucken.

Die Schwalben waren sehr zärtlich miteinander. Wenn sie nicht zu zweit durch die Luft schossen, hingen sie an der Dachrinne über dem Nest und schnäbelten. Doch dann war nur noch eine Schwalbe da. Die andere war nicht mehr zu sehen.

»Die brütet jetzt die Eier aus«, sagte Peter.

Draußen rief der Postbote: »Bald fängt der Dreck an!«

Leider hatte er recht. Gerade unter dem Schwalbennest

waren häßliche weiße Streifen an der Hauswand. Der Gehweg darunter sah noch schlimmer aus. Die Platten dort waren ganz und gar verkleckst.

»Mir gefällt das auch nicht«, sagte Großmama, »aber man darf sein Glück nicht vertreiben.«

Und sie hatten Glück! Eines Nachmittags ging ein tüchtiges Gewitter nieder. Der Regen platschte nur so gegen die Hauswand. Er lief über den Plattenweg und wusch alles weg. Als das Gewitter vorbei war, war alles fast wieder sauber.

Das Glück blieb Großmama und Peter aber auch sonst treu. Peter verlor im Gewimmel vom Schwimmbad seine Armbanduhr. Er bekam sie nach drei Tagen vom Schwimmeister wieder, und der sagte zu ihm: »Da hast du aber Glück gehabt.«

Großmama ließ beim Spülen ihre Lieblingsvase fallen. Sie fiel auf Großmamas weichen Filzpantoffel und ging nicht kaputt. Großmama rief: »Da hab ich aber Glück gehabt!«

Als Peter und Großmama mal im Garten waren, schlug der Wind die Haustür zu, und sie konnten nicht mehr ins Haus hinein. Oben stand ein Dachfenster offen. Großmama hielt die Leiter, Peter kletterte hoch und machte von innen die Tür auf. Wieder rief Großmama: »Was haben wir nur für Glück!« Und Peter sagte: »Das machen die Schwalben.«

Eines Morgens, als Peter zum Briefkasten lief und für Großmama die Zeitung holte, hörte er ein ganz feines, leises Zwitschern. Es kam oben aus dem Schwalbennest. Peter sah, daß beide Schwalben herumsausten.

Als er das Großmama erzählte, sagte sie: »Dann sind die

Kleinen jetzt da.« Am liebsten hätte Peter die Leiter angestellt und nachgeguckt, doch das duldete Großmama leider nicht. So konnte er nur durch das Küchenfenster
schauen.

Die Kleinen schienen mächtigen Hunger zu haben, denn
die Schwalbeneltern flitzten unermüdlich hin und her und
brachten Futter. Wenn sie sich dem Schlupfloch näherten,
ertönte sofort im Nest ein aufgeregtes Zwitschern, das jeden Tag ein bißchen lauter und frecher wurde.

Und dann, nach ein paar Tagen, streckten die Kleinen
ihre Köpfchen heraus und rissen weit die Schnäbelchen
auf.

»Es sind vier«, sagte Peter, »ich hab sie gezählt.«

Die Kleinen tobten so im Nest herum, daß Brocken und Krümel abbrachen und nach unten fielen. Das Schlupfloch war jetzt fast doppelt so groß wie vorher.

Großmama sah sorgenvoll hoch. »Hoffentlich hält das Nest«, sagte sie, »es ist doch nur aus Sand gebaut.«

»He, ihr da oben!« rief Peter dann, »seid nicht so wild, sonst fallt ihr noch runter!« Und er verscheuchte wieder Nachbars Katze, die lauernd unter den Büschen saß.

Früh am Morgen passierte dann die Katastrophe.

Peter und Großmama zogen sich grade zum Frühstück eine Handvoll Radieschen aus der Erde, da hörten sie ein lautes Gepiepse. Es klang ganz anders als sonst. Peter rannte hin, so schnell er konnte. Großmama rannte fast so schnell hinterher.

Es war schlimm, was sie vorfanden.

Das Nest war heruntergefallen und unten auf dem Plattenweg zerbrochen. Die vier kleinen Schwalbenkinder hüpften herum und schlugen hilflos mit ihren Flügeln, die zum Fliegen noch zu schwach waren.

»Hau ab!« schrie Peter die Nachbarskatze an, die ganz ungeniert herankam. Er gab ihr in der Aufregung sogar einen Tritt, und sie verschwand.

Die beiden großen Schwalben sausten flach über den Boden, stiegen hoch und waren gleich wieder da. Sie zwitscherten noch lauter und aufgeregter als ihre Kleinen. Eine Schwalbe streifte sogar Großmamas Haare im Vorüberfliegen.

Peter hockte sich hin und wollte die Kleinen einfangen. Großmama hielt ihn zurück.

»Laß das mal«, sagte sie, »das bleibt uns immer noch. Es

ist besser, wenn sich die Schwalben selber helfen. Die Kleinen müssen ja gefüttert werden. Das schaffen die Eltern nicht, solange sie hier unten auf der Erde sind.« Sie nahm behutsam eins der kleinen Schwälbchen in die hohle Hand und setzte es hoch auf die Brüstung vom Küchenfenster. Es wackelte erst ein wenig, dann duckte es sich, aber dann streckte es den Kopf hoch, riß den Schnabel auf und schrie.

Schon schoß eine der großen Schwalben herbei und stopfte dem Kleinen was in den Schnabel hinein.

»Na siehst du, das klappt fürs erste«, sagte Großmama und holte auch die drei anderen Schwalbenkinder auf die Brüstung. Dann sagte sie zu Peter: »Lauf zur Nachbarin hinüber, sie soll bitte heute ihre Katze einsperren.«

Als Peter von der Nachbarin zurückkam, traf er zwei Leute, die mit ihrem Hund spazierengingen. Sicherheitshalber sagte er auch zu ihnen: »Könnten Sie bitte heute woanders langgehen?«

»Wir gehen immer hier lang«, sagten die Leute. Ihr Hund riß an der Leine und wollte unbedingt zu Großmamas Haus. Peter erklärte den Leuten schnell, was bei ihnen los war und daß die kleinen Schwalben nicht gestört werden durften. Da waren die Leute so nett und gingen mit ihrem Hund woanders lang.

Durch das Küchenfenster guckten Peter und Großmama zu, wie die vier kleinen Schwalben ununterbrochen gefüttert wurden. Sie hockten dicht nebeneinander und sperrten die Schnäbel auf.

Das eine Schwälbchen war besonders dreist. Es schlug mit den Flügeln und hörte nicht auf zu schreien, bis es einen Happen bekam. Danach schrie es gleich wieder weiter.

Ein Schwälbchen war noch klein und schwach. Manchmal kippte es einfach um, und Peter und Großmama hatten Angst, daß es abstürzen könnte. Dann wären sie gleich rausgerannt und hätten es wieder hochgehoben. Aber das Schwälbchen fiel nicht runter. Es strampelte ein wenig, dann hockte es wieder da.

»Und wenn es heute abend dunkel wird«, fragte Peter, »was dann?«

Im Sommer wird es lange Zeit nicht dunkel.

Als Peter und Großmama Abendbrot gegessen hatten, war es noch ganz hell. Peter half Großmama beim Spülen, dann lief er zum Fenster und sah hinaus.

»Es sind nur noch drei!« rief er aufgeregt. »Ein Schwälbchen ist weg!« Er rannte nach draußen, und Großmama rannte hinterher.

Grade das dreiste Schwalbenkind fehlte. Es lag aber nicht unten auf der Erde. Es hüpfte auch nicht zwischen den Büschen herum. Es saß in den Zweigen der kleinen Birke, die neben Großmamas Haus stand. Als es Peter und Großmama kommen sah, versteckte es sich schnell im Laub.

Plötzlich flatterten noch zwei andere Schwalbenkinder los. Sie breiteten die Flügel aus und verließen die Fensterbrüstung. Eins landete glatt auf einem Birkenast. Das andere verfehlte ihn, und es sah schon aus, als wollte es runterpurzeln. Aber dann saß es einen Ast tiefer. Die kleinen Schwalben zwitscherten um die Wette, wahrscheinlich waren sie mächtig stolz, was sie da geschafft hatten. Und dann krochen sie in die Blätter hinein.

»Na also«, sagte Großmama, »sie können fliegen und brauchen das Nest nicht mehr.«

»Aber ein Kleines ist doch noch da«, sagte Peter.

Es dämmerte. Das kleinste und schwache Schwalbenkind hockte immer noch auf der Fensterbrüstung. Manchmal reckte es sich, dann duckte es sich und saß ganz still. Die Schwalbeneltern flitzten um ihr Sorgenkind herum. Um die drei andern in der Birke kümmerten sie sich nicht mehr. Sie strichen immerzu dicht an der Fensterbrüstung entlang. Es sah aus, als wollten sie das Schwalbenkind ermutigen, doch endlich auch zu fliegen.

Das Kleine gab sich Mühe. Es breitete die Flügel aus und erhob sich ein wenig. Gleich kamen die Schwalbeneltern wieder heran, doch es war zu früh gewesen: Das Schwalbenkind saß wieder da und rührte sich nicht.

Der Himmel wurde immer dunkler.

Mit einemmal flog das kleine Schwalbenkind los, einfach so. Sofort waren die Schwalbeneltern da. Sie flogen dicht links und rechts von ihm. Es sah aus, als ob sie es hielten und trugen. Alles ging ganz schnell, dann saß das Kleine auf einem Ast der Birke und verschwand wie die anderen drei im Laub.

»Was haben wir alle miteinander heute für Glück gehabt«, sagte Großmama und drückte Peter fest an sich, »und morgen machen wir den Dreck weg.«

FERDINANDS FEIND

»Diese Schande!« rief der Vorsitzende Wilhelm und
schlug mit der Faust neben sein Glas voll Bier, daß es dar-
aus hochspritzte. »Fünf Jahre waren wir Sieger, fünf lange
Jahre stand der Wanderpokal hier in unserer Kantine.
Nun haben wir ihn verloren. Diese Schande! Diese
Schmach!«

Die Kleingärtner ließen die Köpfe hängen. Manche
wischten sich die Augen, andere schnieften oder schüttel-
ten fassungslos den Kopf. Ihr Kleingartenverein »Sommerglück« sollte nicht mehr von allen Vereinen der beste
und der schönste sein, er war überrundet worden. Die
Preisrichter hatten den Wanderpokal dieses Mal dem
Kleingartenverein »Rote Rübe« verliehen.

»Und warum?« fuhr der Vorsitzende Wilhelm fort, »weil
der Feind bei uns eingedrungen ist. Heimtückisch hat er
sich im Winter vom Feld her angeschlichen und einen
Garten nach dem anderen zerstört. Man kann noch jetzt
im Sommer seine Spuren sehen. Nur diesem Feind ver-
danken wir unsere Niederlage.«

»Das darf nicht noch einmal passieren«, sagte Karl, der
Kassenwart.

Die Kantinenwirtin Minchen stellte neues Bier auf den Tisch und rief: »Der Feind muß vernichtet werden!«

Damit hatte sie allen aus dem Herzen gesprochen. Ein paar Kleingärtner sprangen auf und wollten gleich damit beginnen, doch Wilhelm hielt sie zurück.

»Jetzt um diese Jahreszeit hat das keinen Zweck«, sagte er, »da hat sich der Feind über das Feld bis zum Waldrand zurückgezogen. Solange wir in unseren Gärten herumwirtschaften, ist es ihm viel zu unruhig. Er kommt erst wieder, wenn es im Herbst bei uns still geworden ist.«

Jule, die Frau von Wilhelm, meldete sich zu Wort. Sie sagte: »Aber im Herbst ist doch niemand von uns mehr da. Dann kann der Feind hier machen, was er will.«

»Jule hat recht«, sagte Minchen.

»Ich denke, wir müssen eine Wache aufstellen«, sagte der Vorsitzende Wilhelm, »die muß sich hier verschanzen und zuschlagen, wenn der Feind uns wieder überfallen will.«

Das war leichter gesagt als getan. Im Sommer konnte schon mal jemand in einer Gartenlaube übernachten, doch für Kälte und Nässe waren die Lauben nicht eingerichtet. Und vor allem: Wem konnte man eine so schwierige, verantwortungsvolle Aufgabe zumuten? Dazu gehörte Opferwille und Heldenmut.

»Nehmt mich«, sagte der Kleingärtner Ferdinand, »mein Garten ist der letzte und grenzt hinten ans Feld. Von dort naht der Feind, und dort werde ich ihn auch aufhalten.«

Alle Kleingärtner klatschten in die Hände.

Der Vorsitzende Wilhelm gab Ferdinand die Hand und sagte: »Damit rettest du unser ›Sommerglück‹!«

Als sich Ferdinand im Herbst für den Kampf bereitmachte, halfen alle Kleingärtner mit. Gemeinsam wurde seine Laube winterfest gemacht. Die Außenwände bekamen eine doppelte Lage Dachpappe, die Deckenbretter unterm Dach bekamen eine Lage warmes Heu. Die Wasserleitung draußen wurde in Säcke gewickelt und mit Holz verschalt, daß sie nicht einfror.

Karl, der Kassenwart, brachte einen ausgedienten Fernseher. Er flimmerte zwar, aber der Ton war noch recht gut.

Jule stapelte Gläser mit Eingewecktem auf die Regale und holte die Wolldecken, auf denen sie an Sommertagen unterm Apfelbaum lag.

Minchen, die Kantinenwirtin, stiftete fünf Kästen Bier. Zwei davon wurden leer, als sich alle noch einmal zusammensetzten und Abschied von Ferdinand feierten.

Karl, der Kassenwart, hatte Geld gesammelt und dafür mehrere Fallen angeschafft. Daneben legte er eine Schachtel auf den Tisch und sagte: »Das sind Patronen Lies dir vorher genau die Gebrauchsanweisung durch, sonst erwischt es dich aus Versehen selber.«

Der Vorsitzende Wilhelm stand auf, schlug Ferdinand auf die Schulter und sagte: »Mach's gut, alter Junge. Wir drücken dir die Daumen.«

Dann waren die Kleingärtner fort. Mit Säcken voll Gemüse, Taschen voll Obst und den letzten zerzausten Asternsträußen waren sie davongezogen, um in ihren warmen Wohnungen auf das Frühjahr zu warten.

Ferdinand war allein zurückgeblieben.

Er wanderte im Kleingartenverein »Sommerglück« herum und guckte über jeden Zaun. Überall waren die Beete umgegraben, die Bäume und Sträucher beschnitten und die Komposthaufen hoch aufgeschichtet. In manchen Ästen schaukelte eine Speckseite für die Vögel. Manchmal knarrte an einer Laube ein Fensterladen. Hier und dort wiegten sich ein paar Stauden Rosenkohl im Wind. Alles sah sauber und ordentlich aus, und Ferdinand dachte: Hierher ins »Sommerglück« gehört der Wanderpokal, nicht zu den »Roten Rüben«. Die hätten ihn nie errungen, wenn der Feind nicht gewesen wäre.

Ferdinand ballte die Fäuste in den Hosentaschen und sagte dem Feind den Kampf an, einen Kampf ohne Gnade.

In der Abenddämmerung stand Ferdinand in seinem Garten und spähte hinaus auf das Feld. Er wußte: Von dort würde sich der Feind anschleichen. Aber noch regte sich nichts.

Vor ein paar Tagen hatte der Bauer das Feld gedrillt und die Wintersaat ausgestreut. Vielleicht hatte sich der Feind darum an den Waldrand verzogen. Bald würde er sich aufmachen, und dann bekam er es mit Ferdinand zu tun.

Als er in der Nacht unter Jules schweren Wolldecken lag, träumte Ferdinand, daß sich der Feind langsam erhob und wie ein Riesenschatten in den Himmel wuchs. Plötzlich kippte der Schatten vornüber und lag platt wie ein nasser Sack auf dem Feld. Und nun kroch er los. Er kroch näher und näher und langte nach Ferdinands Garten.

Ferdinand wachte auf und war schweißnaß. Jules Wolldecken hatten ihm fast das Herz abgedrückt.

Draußen zogen kreischend ein paar Krähen vorbei. Durch das Fenster kam das erste Morgenlicht. Ferdinand schlüpfte in die Gummistiefel und zog die Joppe über.

Dann stapfte er hinaus. Der Atem stand wie eine kleine Wolke vor seinem Mund.

Ganz hinten auf dem Feld, fast am Waldrand, konnte Ferdinand einen Erdhaufen erkennen.

Nach dem Frühstück sah er noch einmal hin.

Zwei weitere Haufen waren dazugekommen. Ferdinand hätte am liebsten gleich angegriffen, aber noch war es zu früh. Darum knurrte er nur: »Komm nur näher! Du wirst dein blaues Wunder erleben!«

Gegen Mittag kreuzte Minchen mit einem Topf voll Suppe auf und entdeckte, daß auf dem Feld sieben Haufen waren. Die beiden letzten waren bedenklich nahe an Ferdinands Zaun.

»Ferdinand«, sagte Minchen, »es ist hier zu still. Da fühlt sich der Feind sicher und macht, was er will.«

Als sie weg war, rannte Ferdinand nach draußen und machte Krach. Er sprang auf dem Rasen herum, galoppierte unter den Obstbäumen entlang, schlug mit der Hacke gegen den Zaun und schrie dabei: »Du Miststück! Du Lausekerl! Glaub ja nicht, daß du mich überlisten kannst! Wir werden sehen, wer von uns schlauer ist! Hau bloß ab, sonst kannst du was erleben!«

Nach einer Weile war Ferdinand außer Atem und hatte lahme Beine. Er setzte sich vor die Flimmerkiste und ruhte sich aus.

Gegen Abend ging er noch einmal hinaus in den Garten. Auf dem Feld waren jetzt zwölf Haufen. Der letzte Haufen war noch ganz frisch und feucht. Er war nur einen Meter von Ferdinands Zaun entfernt.

»Morgen erwische ich dich«, zischte Ferdinand durch die Zähne. Er setzte sich in die Laube und ölte die Fallen, bis

sie sich lautlos spannen ließen und ganz leicht zuschnapp-
ten. In jede Falle steckte er vorne eine halbe Mohrrübe.
Und dann legte er sich schlafen, um Kräfte zu sammeln.

In dieser Nacht träumte Ferdinand, daß sich vom Feld her
lauter winzigkleine Feinde näherten, nicht größer als
Ameisen. Sie kamen unter der Erde anmarschiert, krochen an Ferdinands Bett hoch und fielen über ihn her. Sie
zwickten und kitzelten ihn, daß Ferdinand aufwachte. Jules Wolldecken lagen neben ihm auf dem Boden, und
seine Füße waren eiskalt. Er stand stöhnend auf und
machte ein paar Kniebeugen. Dann begab er sich nach
draußen.
Ein brauner Erdhaufen prangte mitten in seinem Rasen.
Ferdinand spuckte aus und holte eine Falle. Er steckte sie
mitten in den Haufen hinein. Die Falle war so gut geölt,
daß sie gleich zuschnappte. Die Mohrrübe, die vorn als
Köder steckte, flog in hohem Bogen unter einen Stachel-
beerbusch. Dort fiel sofort eine Amsel darüber her.
Ferdinand steckte die nächste Falle in den Haufen. Und
dabei drohte er: »Komm nur, Freundchen, komm nur!
Das bricht dir das Genick!«
Am Nachmittag erschienen Wilhelm und Karl. Sie wollten wissen, wie die Lage war, aber leider konnte ihnen
Ferdinand noch keinen Erfolg melden. In seinem Garten
waren zwar jetzt so viele Haufen, daß er bequem sämtliche Fallen untergebracht hatte. Doch der Feind war verschlagen. Er hatte um diese Haufen einen Bogen gemacht
und wühlte sich jetzt neben dem Rasen unter den Obstbäumen entlang.
Nachdem die Flasche Rum leer war, die Wilhelm und

Karl mitgebracht hatten, sagte Wilhelm: »Wenn du den Feind nicht bald hast, dringt er in die anderen Gärten ein. Dann haben wir wieder den Salat, und der Wanderpokal ist endgültig futsch.«

»Ich schaff das schon«, sagte Ferdinand, »ihr könnt euch auf mich verlassen.«

Als sie weg waren, holte er die Schachtel mit den Patronen. Er setzte sich die Brille auf die Nase und studierte die Gebrauchsanweisung. Dabei war ihm gar nicht wohl. Wenn man diese Dinger ansteckte, schwelten sie angeblich unter der Erde und gaben dort giftige Dämpfe ab. Und angeblich kam alles dabei um.

»Teufelszeug«, brummte Ferdinand, »wenn ich die Wahl hätte, würde ich lieber die Falle wählen.«

Er ging nach draußen. Es war fast dunkel geworden. Als Ferdinand nach einem Haufen tastete, erwischte er einen, in dem bereits eine Falle steckte. Sie schnappte zu und kniff ihm alle Finger zusammen. Die Mohrrübe sprang ihm mitten ins Gesicht.

Beim nächsten Haufen klappte es besser, er war unberührt. Ehe Ferdinand die Patrone hineinsteckte, zündete er sie nach Vorschrift an. Dann atmete er erleichtert auf, weil er das geschafft hatte. Er bekam dabei eine Ladung von dem schwelenden Gas ab, ehe er merkte, daß er die Patrone umdrehen mußte.

Den ganzen Abend fühlte sich Ferdinand benommen. Er wurde den fauligen Geschmack im Mund nicht los und trank viel zu viel von Minchens Bier. Und in der Nacht hatte er einen schweren Traum. Er träumte, daß der Feind ihn in seinem eigenen Garten gefangenhielt und sich inzwischen durch den Kleingartenverein »Sommerglück« wühlte, bis es überall aussah wie in einer kahlen Mondlandschaft. Zuletzt überreichte der Feind eigenhändig den begehrten Wanderpokal an die »Roten Rüben«.

Ferdinand wachte auf, und ihm war ganz übel.

Es war noch früh am Morgen. Als Ferdinand nach draußen kam, mußte er feststellen, daß der Feind ihm wieder ein Schnippchen geschlagen hatte. Weder Fallen noch Patronen hatten ihm etwas anhaben können. Er hatte sich in die Gemüsebeete gewühlt. Ferdinand trampelte vor Wut in seinem zerstörten Garten herum und schrie: »Scheusal! Bestie! Wenn ich dich nicht anders kriege, muß ich dich ersäufen!«

Er zerrte den Gartenschlauch hinter der Karre hervor und schloß ihn an den Wasserhahn. Dann stopfte er das vordere Schlauchende in einen frischen Haufen und drehte das Wasser voll auf. Es gluckerte unter der Erde, und Ferdinand rieb sich die Hände. Diesmal mußte es klappen, da war er ganz sicher. Die Gänge und Höhlen, in denen sich der Feind verborgen hielt, liefen voll. Entweder ging der Feind dabei drauf, oder es schwemmte ihn zurück zum Feld, von wo er gekommen war. Und bis es soweit war, hatte Ferdinand Zeit zum Frühstücken.

»Was ist denn hier los?« rief Jule, die an diesem Tag das Essen brachte. Sie watete zur Laube durch tiefen Schlamm. Unter den Bäumen waren überall große Pfützen. Und dort, wo sonst der Rasen war, war jetzt ein Teich, aus dem die Erdhaufen wie kleine Inseln ragten. Der Feind war auch diesmal davongekommen. Er hatte sich auf den Kompost gerettet und dort vier neue Haufen aufgesetzt.

Nachdem Jule den Hahn zugedreht und sich das Wasser etwas verlaufen hatte, sah es in Ferdinands Garten aus wie in seinem Traum. Er saß in der Laube und warf keinen Blick mehr nach draußen.

»Er hat mich besiegt«, murmelte er, »er ist stärker als ich.« Zum Glück war Jule da und sprach ihm Mut zu. »Weißt du«, sagte sie, »wie meine Oma den Feind vertrieben hat? Sie hat leere Flaschen in die Haufen gesteckt. Dann hat der Wind schaurig hineingepfiffen, und der Feind ist ausgerückt.«

»Es weht ja gar kein Wind«, sagte Ferdinand und ließ den Kopf sinken. »Sag den andern, ich schaffe es nicht.«

Jule sorgte dafür, daß sich sämtliche Kleingärtner vom »Sommerglück« noch an diesem Abend bei ihr und Wilhelm in der Wohnküche versammelten.

»Wir dürfen Ferdinand nicht allein lassen«, sagte sie, »wir müssen ihm helfen. Aber wie? Hat jemand eine Idee?«

Es dauerte bis Mitternacht, ehe alle Vorschläge geprüft waren, dann wußten sie, was sie machen mußten.

Am anderen Morgen rückten sie an. Sie holten die Schaufeln und Spaten aus den Lauben und begannen zu graben. Ferdinand hatte noch schlechter geschlafen und noch schwerer geträumt als sonst. Er wachte auf, als er Stimmen hörte. Verschlafen stand er vor seiner Laubentür und staunte.

Außen an seinem Zaun, nach dem Feld zu, entstand ein Graben. Er war schon mehrere Meter lang und so tief, daß er den Kleingärtnern, die darin standen, bis zu den Hüften reichte. Unermüdlich flogen aus dem Graben nach links und nach rechts die Erdbrocken.

»Was macht ihr da?« rief Ferdinand und riß die Augen auf.

Wilhelm, der Vorsitzende, der leider Rheuma hatte und darum nur die Aufsicht führte, erklärte ihm: »Wir bauen einen Schutzwall, einen unterirdischen. Von nun an wird der Feind nie mehr hier eindringen.«

Da schnappte sich Ferdinand eine Schaufel und machte mit.

Ehe der erste Schnee fiel, waren sie fertig. Im Graben waren Maschendraht und Folie versenkt, dann war er wieder zugeschüttet worden. Er lag nun wie ein fester Ring um den Kleingartenverein »Sommerglück«.

Aber noch war der Feind da, wenn er sich auch merkwürdig ruhig verhalten hatte. Wahrscheinlich hatte ihn die Unruhe gestört. Jedenfalls hatte er nie mehr als zwei, drei Haufen am Tag geschafft, manche waren nicht größer als eine Teetasse.

Minchen tat plötzlich mächtig geheimnisvoll. »Wenn wir den Feind lebendig fangen könnten«, sagte sie, »dann . . .«
»Was dann, Minchen?« fragten die anderen, doch damit wollte Minchen nicht herausrücken.

»Gefangen werden muß er ohnehin, sonst richtet er weiterhin Unheil an«, sagte der Vorsitzende Wilhelm, »und da er sich weder aus Fallen noch Patronen noch Wasser was macht, müssen wir anders vorgehen.«

Jule sagte: »Von meiner Oma weiß ich, daß er immer nachmittags loswühlt. Vielleicht fangen wir ihn dabei.«

»Aber bitte lebendig«, sagte Minchen.

Am Nachmittag, kurz vor der Dunkelheit, verteilten sich alle in Ferdinands Garten. Auf dem Rasen, zwischen den Obstbäumen, im Gemüseland – überall standen sie. Sie sagten kein Wort, sie rührten sich nicht, sie warteten auf den Feind. Irgendwo mußte er ja hochkommen, und dann wollten sie ihn mit der nackten Hand fangen.

Es war ziemlich ungemütlich und kalt. Ferdinands Garten war nach der Überschwemmung immer noch nicht trocken, und allmählich bekamen sie alle feuchte Füße. Sie wären gern hin und her gesprungen, um sich aufzuwärmen, doch das hätte den Plan zunichte gemacht.

Genau vor Ferdinand bewegte es sich mit einemmal.

Erst kamen ein paar Erdkrumen hoch, dann ein paar Brocken und dann ein ganzer Berg Erde. Mittendrin ruderte eine rosa Schaufelpfote.

Blitzschnell packte Ferdinand zu. »Ich hab ihn!« rief er und hielt den zappelnden Feind in die Höhe.

»Und jetzt«, sagte Minchen und stopfte den Maulwurf in einen Sack, »jetzt gehen wir zum Kleingartenverein ›Rote Rübe‹ und werfen ihn dort über den Zaun.«

NINAS SPINNE

Manchmal hatte Nina Angst. Sie ängstigte sich aber nicht
vor Räubern, Gespenstern, wilden Tieren, Feuersbrünsten
oder so etwas. Damit würde sie schon fertig werden.

Nina ängstigte sich vor Spinnen, und das hatte sie von
Mama.

Mama war sonst sehr beherzt. Ihr wurde im Sessellift
oder im Fahrstuhl nicht schwindlig wie Papa. Wenn sie
am Lenkrad saß, sauste sie schneller über die Autobahn
als er. Und mit Zollbeamten, frechen Verkäufern oder
unverschämten Handwerkern wurde sie so forsch fertig,
daß Papa sich raushalten konnte.

Nur wenn eine Spinne in der Nähe war, wurde Mama
ganz klein. Dann zitterte und bebte sie und rief Papa um
Hilfe.

Mama erspähte übrigens jede Spinne sofort. Sie betrat
einen Raum, und schon schrie sie auf: »Huch, da ist eine
Spinne!« Jemand anderer hätte die Spinne noch längst
nicht entdeckt, die vielleicht ganz oben an der Decke
oder hinten in der Ecke oder sonstwo an der Wand saß.
Mama hatte einen Blick dafür.

Sie schlug die Tür wieder zu und wartete, bis Papa da war. Papa mußte die Spinne entfernen und nachgucken, ob nicht etwa noch mehr von diesen scheußlichen Ungeheuern im Zimmer waren. Erst wenn er Mama geschworen hatte, daß es dort spinnenfrei war, ging sie hinein.

Aber sie blieb mißtrauisch. Sie hockte vorn auf der Stuhlkante, als wollte sie jeden Augenblick hochspringen. Wenn die Spinne abends im Schlafzimmer gewesen war, schlief sie schlecht und war am anderen Morgen blaß und müde. Und war die Spinne in Ninas Kinderzimmer gewesen, durfte Nina sogar zwischen Papa und Mama schlafen. Mama mutete ihr nicht zu, daß sie unter solchen Umständen in ihrem Bett blieb.

Seit Nina ganz klein war, hatte sie Mamas Abscheu vor Spinnen erlebt. Nach und nach fürchtete sich Nina genauso davor. Irgendwas mußte ja an diesen Spinnen sein, obwohl Mama es ihr nicht erklären konnte. Wenn Nina danach fragte, sagte Mama nur: »Pfui, Spinnen sind einfach eklig. Ich krieg eine Gänsehaut, wenn ich nur dran denke.«

Manchmal stellte sich Nina vor, daß Spinnen, die Papa nicht entfernt hatte, immer größer wurden. Erst so groß wie eine Hand, dann so groß wie die Lampe und schließlich so groß wie ein Mensch. Sie würden alles mit ihren Spinnenbeinen umschlingen und erdrücken. Vielleicht, dachte Nina, waren Spinnen aber auch giftig. Dann brauchten sie gar nicht größer zu werden. Dann reichte es, daß sie spuckten. Jeder, den diese Spinnenspucke traf, fiel sofort steif und starr um. Er mußte nicht gleich tot sein, er konnte nur weder Arme noch Beine bewegen.

Es konnte natürlich auch sein, daß so eine Spinne nach und nach das ganze Zimmer mit ihren Fäden vollspann. Dann saß man dort gefangen und konnte nicht mehr raus. Die Spinne schnappte zu und saugte einem das Blut aus den Adern wie ein Vampir. Irgend so was Schreckliches mußte an Spinnen sein, sonst würde Mama nicht diese Angst vor ihnen haben Weil Nina nicht dahinterkam, was es war, bekam sie allmählich genau solche Angst.

Sie schrie genauso wie Mama: »Huch, eine Spinne!«
Und genauso wie Mama ging Nina nicht ins Zimmer, bis Papa die Spinne dort entfernt hatte.

An Mamas Theater war Papa ja gewöhnt. Daß aber auch Nina so anfing, machte ihn richtig böse. Er zog Nina am Arm vor die Wand, an der eine Spinne saß, und sagte: »Sieh sie dir an. Sie ist harmlos wie ein Schmetterling. Sie tut dir nichts.«

Dann holte er sein Taschentuch hervor und legte es behutsam über die Spinne. Im Taschentuch trug er sie zum Fenster, machte es auf und schüttelte sie nach draußen.

»Ist sie weg?« fragte Nina bange. Papa zeigte ihr das leere Tuch, und Nina war erleichtert.

Einmal ging Papa mit Nina spazieren. Im Park blieb er stehen und hob Nina hoch. In einem Strauch, zwischen den Ästen, hatte eine Spinne ihr Netz. An jedem Faden hingen unzählige Tautropfen und glitzerten in der Sonne. Die Spinne hing an einem Faden und wippte im Wind.

»Ist das nicht hübsch?« fragte Papa. Nina nickte. Hier draußen hatte sie keine Angst vor der Spinne.

»Aber im Zimmer mag ich sie nicht«, sagte Nina.

Eine Spinne im Zimmer hat sich auch nur verlaufen«, sagte Papa, »sie freut sich, wenn du sie raus setzt.«

Papa hatte gut reden.

Als ein paar Tage später wieder mal eine Spinne in Ninas Zimmer an der Wand saß, versuchte es Nina. Sie hatte mächtiges Herzklopfen dabei. Das Taschentuch wackelte richtig, so zitterten ihre Hände.

Sie ging langsam auf die Wand zu, aber kurz bevor sie da war, rannte die Spinne blitzschnell weg und verschwand hinter einem Regal.

Das Taschentuch fiel Nina aus der Hand, und sie setzte sich auf einen Stuhl. Ihr war ganz unbehaglich. Am liebsten wäre sie ausgerissen wie sonst. Papa konnte sie nicht um Hilfe rufen, denn Papa war nicht da. Wenn Mama erfuhr, daß sich in Ninas Zimmer eine Spinne versteckt hatte, würde sie sich glatt mit Nina nebenan einschließen. Das wollte Nina nicht, sie wollte keine Angst mehr vor der Spinne haben.

Sie saß da und guckte auf das Regal, hinter dem die Spinne verschwunden war. Sie wartete.

Plötzlich sah Nina, daß die Spinne neben dem Fenster an der Wand saß. Nina bekam wieder dieses Herzklopfen. Sie zögerte noch eine Weile, dann stand sie langsam auf.

Es war sicher besser, wenn sie das Fenster aufmachte, denn wenn sie die Spinne gefangen hatte, könnte sie das Taschentuch schneller ausschütteln.

Das Taschentuch lag noch da, wo es hingefallen war. Nina hob es auf und ging Schritt für Schritt auf die Wand zu.

Die Spinne rührte sich nicht.

Nina holte tief Luft, dann legte sie das Taschentuch über die Spinne und brachte es schnell zum offenen Fenster.

Auf dem Fensterbrett fiel das Taschentuch auseinander. Die Spinne lief über Ninas Hände hinweg. Sie lief ganz schnell und war ganz leicht. Nina spürte sie kaum. Es kitzelte nicht einmal. Die Spinne lief noch ein Stück am Fensterrahmen entlang, dann war sie draußen.

Nina beugte sich vor. Sie sah, wie die Spinne an der sonnigen Hauswand hinunterlief und im Efeu verschwand.

Als sie weg war, sah Nina ihre Hände an. Über die Hände war eine Spinne gelaufen, und es war gar nicht schlimm gewesen.

Nina hatte kein Herzklopfen mehr.

Am Abend sagte sie zu Mama: »Übrigens, ich kann gut mit Spinnen umgehen. Wenn du mal eine siehst, brauchst du mich nur zu rufen.«

VATERS HUND

Diese Geschichte klingt unwahrscheinlich, aber sie stammt von Bruno. Und Bruno sagt, daß alles stimmt.

Damals, als die dunkle Zeit für sie anfing, sagt Bruno, war er ungefähr fünf Jahre alt. Es war im letzten Sommer vor dem Krieg. Ein Kerl auf einem Motorrad hatte Bimbo überfahren, und alle, selbst der große starke Vater, weinten, als Bimbo in der Nacht darauf in Mutters Armen starb. Bruno schluchzte sogar so sehr, daß er dabei einen Milchzahn verschluckte. Heute wundert sich Bruno, daß er sich an so eine Kleinigkeit erinnert.

Am anderen Morgen wurde das, war früher mal Bimbo gewesen war, in den kleinen Korbkoffer gelegt, mit dem Bruno und Agnes sonst im Sommer zur Großmutter reisten. Dann gingen sie zu viert hinunter an den Fluß. Es war noch ganz früh, die Sonne ging grade auf, und unten an Ufer saßen ein paar Angler.

Sie liefen ein Stück weiter, wo niemand sie sehen konnte. Hinter einem Busch hob Vater eine Grube aus, und Mutter stellte den Korbkoffer hinein. Dann faltete sie die Hände. Vater nahm die Mütze ab. Er sagte: »Leb wohl,

Bimbo, du hast uns soviel Freude gemacht.« Agnes begann laut zu heulen und biß sich dabei auf die Zopfenden. Der kleine Bruno klammerte sich an die Mutter. Dann warf Vater die Grube zu, und es gab keinen lustigen Bimbo mehr, der zwischen ihnen herumtollte.

Um Bimbo, sagt Bruno, hätten sie Rotz und Wasser geheult. Aber als drei Tage später in der gleichen Morgenstunde die schwarzen Männer aufkreuzten, um Vater abzuholen, da weinte niemand. Mutter lehnte stumm in der Küchentür. Sie hatte den kleinen Bruno vor sich mit in ihren Morgenmantel gewickelt und hielt ihm heimlich den Mund zu. Doch Bruno hätte gar nichts gesagt. Alles war so schrecklich, daß er es nur mit großen aufgerissenen Augen beobachten konnte.
Die Männer stießen Vater aus der Schlafstube hinaus. Sie drehten ihm den Ellbogen hoch, als er Mutter umarmen wollte. So gekrümmt führten sie ihn zwischen sich weg und stießen ihn mit ihren Stiefeln die Treppe hinunter. Auf dem Treppenabsatz konnte sich Vater noch einmal umdrehen. Er lächelte Mutter und den kleinen Bruno an und nickte Agnes zu. Agnes begriff damals schon viel, aber lange nicht alles. Sie nickte zurück, denn sie hatte verstanden, was Vater ihr sagen wollte. Sie sollte an seiner Stelle auf Mutter und den kleinen Bruno achtgeben.
Dann war Vater weg.
Sie hörten noch die Schritte auf der Holztreppe. Sie hörten, wie unten auf dem Hof ein Motor angelassen wurde und wie ein Auto zur Toreinfahrt hinausfuhr. Als alles still war, wickelte sich der kleine Bruno aus Mutters Morgenmantel und fragte: »Wann kommt Vater wieder?«

»Bald«, sagte Agnes. Dann krochen sie zu dritt in Vaters Bett, das noch warm war.

Aber Vater kam nicht wieder, und eine schlimme, dunkle Zeit fing für sie an. Die Leute im Haus machten die Türen zu, wenn Mutter mit den Kindern die Treppe hochkam. Ein paar Kinder bespuckten den kleinen Bruno, als er auf dem Hof spielte. Er warf mit Sand nach ihnen, und die Hauswartsfrau, die sonst immer so freundlich gewesen war, haute ihm eine runter und schrie ihn an. Agnes merkte in der Schule, wieviel sich verändert hatte. Sie mußte allein hinten in der letzten Bank sitzen. Wenn sie sich meldete, wurde sie nicht aufgerufen, und obwohl sie kaum Fehler machte, bekam sie in allen Heften schlechte Zensuren. In der Pause stand sie an der Mauer, denn die andern Kinder ließen sie beim Hüpfen und Fangen nicht mitmachen.

Dann wurde sie vor der angetretenen Jungschar aus der Hitlerjugend ausgestoßen. Schlips und Knoten wurden ihr vom Hals gerissen, und die Scharführerin rief: »Wer unwürdig ist, gehört nicht in unsere Reihen.«

Agnes lief nach Hause, während die anderen Mädchen wie sonst zum Heimabend marschierten. Eigentlich war sie ganz froh, daß sie da nicht mehr mitmachen mußte. Sie blieb viel lieber daheim und saß mit Mutter und dem kleinen Bruno am Küchentisch. Es tat so gut, beieinander zu sein. Mutter hatte eine Strickjacke von sich aufgetrennt. Aus der Wolle strickte sie nun für Vater einen Pullover. Der kleine Bruno faltete aus Papier eine ganze Stadt, und Agnes las ihnen etwas vor. Es war jetzt immer so still bei ihnen, ganz anders als früher.

Früher hatte Vater für Trubel gesorgt. Wenn er lachte, hatte er alle damit angesteckt, und er hatte viel gelacht. Er hatte überhaupt dauernd Unsinn im Kopf gehabt. Wenn er jetzt gekommen wäre, hätte er bestimmt erst mal Agnes an den Zöpfen gezogen und hätte sich dafür von ihr rund um den Tisch jagen lassen. Dabei hätte er sich den kleinen Bruno geschnappt und ihn so hoch geworfen, daß der Hosenboden beinahe an die Zimmerdecke stieß. Und wenn Mutter darüber erschrocken gewesen wäre, hätte Vater sie fest umarmt, daß sie einen roten Kopf bekommen hätte und schließlich genauso gelacht hätte wie der Vater.

So war es früher immer bei ihnen zugegangen. Und dazwischen war noch Bimbo, der kleine schwarze Pudel, herumgesprungen und hatte laut und fröhlich gekläfft. Dann hatte sich Vater breitbeinig hingesetzt und gerufen: »Kommt her, Herrschaften! Guckt zu, was Bimbo alles kann!« Es war wie in einem Zirkus gewesen, denn so schlau wie Bimbo war kein anderer Hund. Er hockte sich aufmerksam vor Vater auf den Boden, schlug mit dem Schwanz und sah hoch. Wenn Vater dann sagte: »Wie grüßt der Hund?«, hob Bimbo die rechte Vorderpfote. Das sah genauso aus wie der Hitlergruß. Vater tätschelte Bimbo und fragte weiter: »Was denkt der Hund von der Partei?« Bimbo begann bösartig zu knurren und bellte einmal laut auf. Wieder tätschelte ihn Vater, klatschte in die Hände und rief: »Und wie geht der Führer?« Bimbo stellte sich auf die Hinterbeine und wackelte einmal um den Küchentisch herum. Agnes und der kleine Bimbo hüpften begeistert hinterher. Nur Mutter sah bei diesen Vorführungen manchmal etwas ängstlich aus und sagte:

»Meine Güte, wenn das nur nicht jemand mitkriegt, was
der Bimbo hier macht.« Vater lachte und sagte: »Den
beißt Bimbo ins Bein. Das bringe ich ihm grade bei.«
So weit kam es nicht mehr. Bimbo wurde totgefahren,
Vater wurde abgeholt, und Mutter blieb mit Agnes und
dem kleinen Bruno allein zurück.

Der Krieg fing an, und von Vater kam keine Nachricht –
ein Jahr und zwei Jahre lang.
Der kleine Bruno hatte längst alle neuen Zähne und war
ziemlich schnell gewachsen. Agnes war inzwischen sogar
fast so groß wie die Mutter. Ostern kam sie aus der
Schule, und es war ungewiß, ob sie überhaupt eine Lehr-

stelle bekam. In allen Akten war ja das mit Vater vermerkt. Vielleicht mußte Agnes in die Fabrik.

Mutter sprach selten mit Agnes über Vater, und sie tat es nur, wenn der kleine Bruno schon im Bett lag. Dann konnte sie sagen: »Man hört so schreckliche Sachen. Ob Vater überhaupt noch lebt? Warum gibt er uns kein Zeichen?« Aber sie weinte nie.

Eines Tages, irgendwann im April, kam Mutter mit dem kleinen Bruno vom Einkaufen nach Hause. Sie war müde, denn das Einkaufen war in dieser Zeit beschwerlich geworden. Beim Bäcker und beim Fleischhauer hatten sie in einer langen Schlange anstehen müssen. Dafür hatten sie aber auf dem Markt ein paar verkeimte Winterkartoffeln erwischt, und die schleppten Mutter und der kleine Bruno nun in einem Sack die Treppe hoch.

Schon einen Stock tiefer hörten sie ein leises Winseln. Als sie höher kamen, sahen sie, daß an ihrer Wohnungstür mit einem Strick ein Hund festgebunden war. Es war ein brauner, struppiger Hund mit kurzen, krummen Beinen. Sein linkes Ohr stand in die Höhe, das rechte war abgeknickt und hing nach unten. Der Hund kam ihnen entgegen, so weit er das am Strick konnte, und knurrte sie an. Mutter knotete ihn los und sagte: »Was machst du hier? Lauf, wohin du gehörst!« Dann schloß sie die Wohnungstür auf.

Der kleine Bruno drehte sich noch einmal um. Er sah, daß der fremde Hund eine halbe Treppe tiefer saß und zu ihnen hochsah. Er nahm heimlich eine Kartoffel aus dem Sack und rollte sie zu dem Hund hinunter.

»Laß das sein«, sagte Mutter, »wir können keine fremden Tiere durchfüttern.«

Als Agnes eine halbe Stunde später aus der Schule nach Hause kam, saß der Hund wieder oben vor der Tür. Und als sie aufschloß, drängte er sich neben ihr in die Wohnung hinein. Er setzte sich vor den Herd und sah Mutter an, die im Suppentopf rührte. Der Strick hing noch um seinen Hals.

Mutter sagte zu Agnes: »Sorge bitte dafür, daß dieser Hund verschwindet.«

Agnes hockte vor dem Hund und streichelte ihm das struppige Fell, und der Hund winselte leise.

Plötzlich hob er zitternd die rechte Vorderpfote hoch. Er hielt sie ein paar Augenblicke in der Luft, senkte sie und saß wieder da wie vorher.

Der kleine Bruno rief: »Genauso hat es unser Bimbo auch immer gemacht.« Er kniete sich vor den fremden Hund und sagte: »Mach es nochmal. Wie grüßt der Hund?«

Der fremde Hund hob wieder die rechte Pfote.

»Und wie geht der Führer?« fragte der kleine Bruno.

Der fremde Hund mußte sich anstrengen, aber er schaffte es. Er stellte sich wacklig auf seine krummen Hinterbeine und machte ein paar Schritte. Genau vor Mutter kippte er vornüber und stand wieder auf seinen vier Beinen. Er schlug mit dem Schwanz auf die Dielen und sah zu ihr hoch. Mutter starrte den Hund an. Sie war ganz blaß geworden. Leise und zögernd sagte sie: »Und was – was denkt der Hund von der Partei?«

Der fremde Hund begann zu knurren. Er knurrte richtig bösartig, dann bellte er einmal kurz auf und war wieder still.

Mutter hielt sich am Herdlauf fest, und Tränen liefen ihr das Gesicht hinunter.

66

Da begriff auch Agnes. Es gab nur einen einzigen Menschen auf der Welt, der diesem Hund das gleiche beigebracht haben konnte wie damals dem Bimbo. Vater hatte ihnen diesen Hund geschickt, als Gruß und als Lebenszeichen. Wie er das freilich angestellt hatte, das konnten sie nicht erraten.

Agnes umarmte die Mutter ganz fest, wie es früher der Vater getan hatte. Sie sagte: »Bestimmt heißt er auch Bimbo.« Bei diesen Worten begann der Hund zu bellen. Mutter nahm ihn hoch und gab ihm einen Kuß auf die Schnauze.

Der neue Bimbo blieb den ganzen Krieg hindurch bei ihnen.

Er verlor sein linkes Ohr, als die Luftmine das Haus zerstörte.

Er bekam eine kahle Stelle auf dem Rücken, als die Dachkammer ausbrannte, in der sie später wohnten.

Er wurde ganz mager, als der Krieg immer länger dauerte. Aber auch Mutter, Agnes und der kleine Bruno hatten nichts mehr auf den Rippen. Sie teilten jeden Bissen mit dem neuen Bimbo, und keiner wurde satt.

Erst im letzten Kriegsjahr erholten sich alle ein bißchen. Da mußten Mutter und Agnes auf dem Land arbeiten. Bruno und der neue Bimbo tollten auf den Wiesen herum und hüteten die Kühe.

Dann war der Krieg endlich vorbei.

Weil das mit Vater passiert war, bekamen sie von der neuen Behörde bevorzugt eine Stube und eine Kammer in einem halb zerbombten Haus. Mutter rannte auf alle Ämter, die Auskunft über Vaters Verbleib geben konnten. Niemand wußte etwas über ihn.

Doch eines Tages war Vater wieder da. Es dauerte lange, ehe Agnes und Bruno in dem mageren Mann mit dem strengen Gesicht den Vater wiedererkannten, der früher so laut und fröhlich gewesen war. Jetzt sagte er kaum mehr ein Wort, sosehr Mutter ihn auch ermunterte. Nur den neuen Bimbo tätschelte er, und der Hund wich ihm nicht von der Seite.

Irgendwann, als schon viele Monate verstrichen waren, erzählte Vater ihnen die Geschichte vom neuen Bimbo. Er tat es nur ein einziges Mal und sprach dann nie wieder davon.

Nachdem die schwarzen Männer damals den Vater abgeholt hatten, war er ins Lager Buchenwald gesteckt worden, das lag weit weg von hier. Er war dort zusammen mit vielen anderen Gefangenen. Die meisten mußten im Steinbruch arbeiten, andere beim Straßenbau. Vater kam zu einer Gruppe, die einen Schienenstrang quer durch den Wald legte. Er sagte, diese Arbeit sei besser gewesen als die anderen Arbeiten, aber sie war schwer genug. Alle Gefangenen waren ja geschwächt vom Hunger.

Jeden Morgen wurden sie in einem langen Zug dorthin geführt. Der Weg verlief abseits von allen Straßen, und sie begegneten nie irgend jemandem.

Dabei hatten die Gefangenen nur eins im Sinn: sie wollten ein Zeichen nach Hause schicken, daß sie noch lebten. Sie versuchten es auf alle Arten. Manche machten sich an einen Posten heran – sie handelten sich allenfalls Tritte ein. Andere ritzten ein paar Worte in Baumrinde und hofften, daß Spaziergänger den Gruß weiterleiteten. Dabei wußten sie, daß hier außer ihnen niemand entlang kam. Wenn jemand von ihnen ein Stück Papier ergatterte, beschrieb er es so eng und so dicht, wie es nur ging. Dann ließ er es vom Wind den Berg hinuntertragen.

Vater hatte jeden erdenklichen Versuch mitgemacht. Inzwischen wußte er von Mutter, daß keines dieser Lebenszeichen hier angelangt war.

Monatelang mußte Vater also mit den anderen Gefangenen aus seiner Gruppe Schotter hochwerfen, Holzschwellen verlegen und schwere Schienenstränge schleppen. Meter um Meter wuchs der neue Weg durch den Wald. Einmal am Tag, gegen Mittag, durften sie eine Pause machen. Sie lagen unter den Bäumen und löffelten aus dem Blechgeschirr eine wässrige Suppe, die ihnen keine neue Kraft geben konnte. Danach dösten sie eine Weile, ehe die Posten sie wieder zur Arbeit antrieben.

Immer häufiger tauchte aus dem Gebüsch ein junger Hund auf, der gierig die ausgekratzten Blechgeschirre noch einmal und ganz vergeblich ausleckte. Er war anfangs scheu und wohl auch ein wenig bösartig. Er verbiß sich im Lederstiefel von einem Posten, der ihn fortjagen wollte. Dabei knurrte er laut, und das erinnerte Vater an den guten alten Bimbo daheim, obwohl dieser Hund ganz anders aussah.

Von nun an lockte Vater den Hund in der Mittagspause zu sich. Er ließ ihm sogar einen Rest Suppe übrig, obwohl sein eigener Magen so leer war, daß er sich kaum auf den Beinen halten konnte.

Jeden Tag wurde der fremde Hund zutraulicher.

Vater setzte sich abseits von den anderen Gefangenen. Wenn der Hund bei ihm war, hatte er bei aller Not eine kleine Freude. Die Posten taten, als sähen sie es nicht.

Vater gab acht, daß sie auch nicht hörten, worüber er sich mit dem Hund unterhielt. Leise flüsternd brachte er ihm alle die Kunststücke bei, die Bimbo damals gekonnt hatte. Der Hund war sehr gelehrig. Es dauerte nicht lange, da hatte er kapiert. Er hob die rechte Vorderpfote hoch, er lief auf seinen krummen Hinterbeinen herum, er knurrte und bellte, wenn Vater es befahl.

Die anderen Gefangenen rückten heran, und auch die Posten wurden aufmerksam, sie wollten bei diesen Kunststücken zusehen. Vater sagte, daß der Hund nichts täte, wenn sie so nahe wären. So blieben sie im Halbkreis ein paar Meter entfernt und hörten nicht, was Vater dem neuen Bimbo, der jetzt auf diesen Namen hörte, ins Ohr flüsterte. Aber alle klatschten, wenn Bimbo sein Programm absolvierte.

Damals dachte Vater noch nicht daran, daß der neue Bimbo zu Mutter und den Kindern als ein Lebenszeichen von ihm gelangen könnte. Er war einfach froh, daß es für ihn etwas Lebendiges gab, das ihn zudem auch noch an zu Hause erinnerte. Der Hund wich ihm nicht mehr von der Seite, und Vater mußte ihn fortscheuchen, wenn nach der Pause die Arbeit wieder anfing. Dann saß der neue Bimbo unbeweglich unter den Bäumen. Er rannte erst nach der anderen Seite fort, wenn die Gefangenen wieder den Berg hoch ins Lager gebracht wurden.

Die Schienenstrecke wuchs allmählich aus dem Wald heraus. Ein Sommer, ein Winter und wieder ein Sommer waren darüber vergangen. Jetzt fielen die ersten Blätter von den Bäumen.

Vom Waldrand konnten die Gefangenen ins Land sehen. Sie sahen verstreut Dörfer liegen, und sie sahen die Umrisse einer Stadt. Von dorther kamen Schienen, die durch das Tal liefen und auf die der neue Schienenstrang gerichtet war. Dort, wo die alten Schienen in einem Bogen um einen Hügel herum führten, stand ein Bahnwärterhaus. Es hatte einen winzigen Garten, in dem auf einer Leine ständig Windeln flatterten. Manchmal hantierte eine Frau in diesem Garten. Dann stand ein Kinderwagen in ihrer Nähe, aus dem sich manchmal ein Beinchen reckte. Das alles war weit weg, aber doch ganz gut zu erkennen. Es weckte Heimweh in den Gefangenen. Oft blieben sie stehen und sahen dorthin, dann wurden sie mit Tritten und Kolbenstößen zur Arbeit angetrieben.

Eines Tages, als sie mit dem neuen Schienenstrang noch näher herangerückt waren, sahen die Gefangenen, daß das Bahnwärterhaus geräumt wurde. Vor der Tür stand ein Pferdegespann, darauf türmte sich der Hausrat. Der Bahnwärter und seine Frau liefen hin und her und schleppten immer mehr herbei. Zuletzt hoben sie den Kinderwagen vorn auf den Kutschbock. Im Garten flatterte noch eine letzte Windel auf der Leine. Die Frau rannte hin und holte sie. Dann kletterte sie auf den Wagen und nahm aus der Kinderkarre ihr Kind auf den Schoß. Der Bahnwärter schloß die Haustür ab. Da schien ihm etwas einzufallen. Er sah sich nach allen Seiten um, dann pfiff er auf zwei Fingern. Die Gefangenen konnten den Pfiff bis zum Waldrand hören. Der Bahnwärter pfiff noch ein paarmal, dann kam er hoch zu ihnen. Ein paar Posten rannten ihm entgegen und hielten ihn auf. Er verhandelte mit ihnen, sie nahmen ihn zwischen sich, und er kam näher.

Die Gefangenen hatten gerade mit ihrer Mittagspause begonnen. Vater lag wieder abseits und spielte mit dem Hund. Er ließ ihn alle Kunststücke vorführen, tätschelte ihn und gab ihm den Rest seiner Suppe.

Plötzlich stand ein Posten vor ihm und brüllte ihn an. Dabei fuchtelte er ihm mit dem Gewehr vor der Nase herum. Dahinter stand der Bahnwärter und versuchte, den Hund mit irgendeinem Namen zu locken. Der Hund hörte nicht, er versteckte sich hinter Vaters Rücken. Der Posten packte ihn und wollte ihn mit Gewalt vorzerren, doch der Hund gebärdete sich wie toll. Er strampelte und bellte und biß schließlich dem Posten kräftig in die Hand. Da brüllte der Posten den Bahnwärter an: »Hol dir deinen beschissenen Köter selber!«

Als er weg war, war Vater mit dem Bahnwärter allein. Er wußte, daß er sich jetzt von dem Hund trennen mußte. Er

nahm ihn noch einmal auf den Arm. Dann reichte er ihn dem Bahnwärter hin und sagte: »Er hört auf den Namen Bimbo.«

»Ist schon recht«, sagte der Bahnwärter und packte den Hund am Nackenfell. Er drehte sich um und wollte gehen. Da nahm Vater allen Mut zusammen. Er machte die Zähne beim Sprechen kaum auseinander und sagte so leise, daß der Bahnwärter ihn kaum verstand: »Zeig meiner Frau diesen Hund, bitte.« Und dann wiederholte er dreimal hintereinander eindringlich die Adresse.

Der Bahnwärter gab keine Antwort. Er stapfte mit dem Hund davon, und Vater blieb allein zurück. Von weitem sah er, wie der Bahnwärter mit dem Hund auf den Kutschbock kletterte und wie das Pferdegespann davonrumpelte. Er glaubte sogar zu erkennen, daß der Bahnwärter noch einmal hersah, die Hand hob und mit dem Kopf nickte. Aber je mehr Zeit verstrich, desto unsicherer wurde Vater. Wahrscheinlich hatte er sich getäuscht, und es war nur sein Wunsch gewesen.

Das Bahnwärterhaus blieb leer zurück. Es wurde abgerissen, als der neue Schienenstrang auf die alten Schienen stieß. Die Arbeit dort war zu Ende. Von da an mußte Vater im Steinbruch arbeiten.

Es war Herbst gewesen, als er sich vom neuen Bimbo getrennt hatte. Im April hatte der Hund dann vor der Tür gehockt. Irgend jemand hatte ihn gebracht und mit dem Strick festgebunden. Noch Jahre nach dem Krieg versuchte Vater, den Bahnwärter zu finden – vergeblich.

Das ist also die Geschichte, wie sie Bruno erzählt hat.

MALWINES HUHN

Wie alt Malwine eigentlich war, wußte niemand genau.
Vielleicht nicht einmal sie selbst.
Manche Leute sagten: »Sie ist achtzig.«
Andere behaupteten: »Nein, neunzig ist sie.«
Aber die meisten waren der Meinung: »Malwine ist mindestens hundert.«
Nach dem Krieg war Malwine mit anderen Flüchtlingen ins Dorf gekommen. Sie hatte schon damals so faltig und verschrumpelt ausgesehen, nur die Haarzwiebel oben auf ihrem Kopf war ein bißchen größer gewesen. Schon damals war sie in diesen alten Männerstiefeln herumgeschlappt. Auch den bodenlangen Umhang trug sie damals bereits, der sich bei Regenwetter wie ein Segel hinter ihr bauschte. Und niemand konnte sich entsinnen, sie jemals ohne die zerknautschte kunstlederne Einkaufstasche gesehen zu haben, die sie immer mit sich herumschleppte.
Seit Malwine im Dorf war, wohnte sie in dem halbverfallenen Gesindehaus, das zum Bossehof gehörte. Es stand mitten in der Straßenkurve und versperrte die Sicht. Ein Wunder, daß dort noch kein Unfall passiert war! Auf je-

der Gemeinderatsitzung wurde darüber verhandelt, daß die alte Bruchbude abgerissen gehörte, aber Malwine weigerte sich und zog nicht aus. Einfach raussetzen konnte man sie in ihrem Alter nicht mehr. So hoffte man von Jahr zu Jahr, daß sie einmal das Zeitliche segnen würde. Noch sah es allerdings nicht danach aus.

Noch machte sie sich Tag für Tag auf dem Bossehof nützlich. Sie fegte den Stall, sie holte die Kühe von der Weide, sie sammelte im Herbst die Falläpfel auf und schippte im Winter den Schnee von der Straße.

Bei allem, was sie tat, hatte sie die zerknautschte Kunstledertasche bei sich, die immer in ihrer Nähe herumstand. In der Tasche hockte Malwines Huhn. Es hockte ganz regungslos da, nur manchmal drehte es den Kopf nach links und manchmal nach rechts. Malwine unterhielt sich mit ihrem Huhn in einer Sprache, die niemand außer ihnen beiden verstand. Das Huhn antwortete je nachdem entweder mit Gurren oder mit Gackern. Wenn Malwine mit der Arbeit fertig war, stiefelte sie mit langen Schritten nach Hause. Dabei preßte sie die Tasche mit dem Huhn an die Brust.

Viele hätten gern gewußt, ob es stimmte, daß Malwine das Huhn mit ins Bett nahm. Sie hätten überhaupt gern mal einen Blick in ihre Kammer geworfen, doch Malwine schlug allen die Tür vor der Nase zu und ließ niemanden hinein.

Neben der Bruchbude, in der Malwine hauste, war eine winzige Fläche, die von einem Drahtzaun umgeben war. Dort hielt sich Malwines Huhn auf, wenn Malwine daheim war, und dort konnten es alle bestaunen. Im ganzen Dorf gab es kein Huhn, das verkommener und häßlicher aussah. Es hatte struppige braune Federn und war vorn am Hals fast nackt. Der Kamm hing schlaff über dem linken Auge. Im rechten Bein war ein Knick. Bosseberta behauptete, dort hätte es der Marder geschnappt, nachdem er irgendwann nachts vergeblich versucht hatte, an ihre eigenen weißen Leghorn zu kommen. Jedenfalls sah das Huhn aus, als wäre es so alt wie Malwine.

Manchmal stocherten die Schulkinder mit Zweigen durch den Draht. Dann gackerte Malwines Huhn vorwurfsvoll, drehte sich herum und scharrte ihnen eine Ladung Sand ins Gesicht.

Einmal hatten ein paar Burschen Brotbrocken über den Zaun geworfen, die sie vorher mit Schnaps getränkt hatten. Danach hatte sich das Huhn wie besessen im Kreis gedreht, dann war es umgekippt und hatte wie tot in der Sonne gelegen. Malwine war aus dem Haus gestürzt und hatte sich jammernd der Länge nach über ihr Huhn geworfen. Sie hatte die Faust geballt und Verwünschungen ausgestoßen. Es war schrecklich gewesen.

Auf jeden Fall wunderte man sich im Dorf, warum Malwine nicht lieber einen Hund oder eine Katze zur Gesellschaft hatte.

»Was findet sie nur an einem Huhn? Etwas Blöderes als Hühner gibt es doch auf der ganzen Welt nicht mehr«, sagte Bosseberta, die es wissen mußte. Bei ihr rannten nämlich mindestens hundert weiße Leghorn herum, denen sofort der Hals umgedreht wurde, wenn sie mit dem Eierlegen nachließen. Außer »Putt, putt, putt« beim Füttern hatte Bosseberta nie etwas anderes zu Hühnern gesagt. Nicht im Traum wäre ihr eingefallen, sich mit einem Huhn zu unterhalten, wie Malwine es tat. Bosseberta war der Meinung, daß Malwine einen Knall hatte, und daran war das Alter schuld.

Das Unheil erwischte Malwine und ihr Huhn im Morgengrauen. Einmal hatte es ja so kommen müssen, alle hatten seit Jahren damit gerechnet.
Ein Lastwagen voller Kohlköpfe, dessen Fahrer sich in der bewußten Kurve nicht auskannte, krachte gegen Malwines Haus und riß die Ecke ein, hinter der sie schlief.
Malwines Bett stand im Freien. Sie selber lag unter einem Berg Kohl und hatte die Besinnung verloren.
Gleich darauf waren die ersten Nachbarn zur Stelle. Malwine wurde freigeschaufelt und kam wieder zu sich. Sie drehte den Kopf hin und her wie ihr Huhn. Dann riß sie sich los und kroch durch das Mauerloch zurück ins Haus.
»Halt! Einsturzgefahr!« schrie der Polizist, der mit seinem Streifenwagen eingetroffen war und den Lastwagenfahrer verhörte. Dann sprang er beiseite, denn neben ihm bremste der Notfalldienst.
Zwei Sanitäter rannten mit einer Bahre herum und riefen: »Wo ist die Verletzte?«
»Malwine, komm raus da!« rief Bosseberta, die aufgekreuzt war und sich mächtig aufregte.
»Malwine!« riefen auch alle andern, doch Malwine blieb verschwunden.
Endlich erschien sie unter der Haustür, die heil geblieben war. In ihren Armen trug sie die alte Einkaufstasche, und aus der Tasche guckte ihr Huhn. Als es die vielen Leute sah, zog es den Hals ein und verschwand.
Die beiden Sanitäter packten Malwine mit geübtem Griff.

Sie strampelte und schlug um sich, doch sie wurde auf die Bahre gepackt, festgeschnallt und in das Notfallauto geschoben.

Der eine Sanitäter zog ihr die Tasche aus den Händen und reichte sie hinaus auf die Straße. Malwine gebärdete sich, als hätte sie den Verstand verloren.

Bosseberta rief empört: »Das könnt ihr doch nicht mit ihr machen.«

»Keine Bange, es ist nur ein kleiner Schock«, sagte der andere Sanitäter fröhlich und fragte: »Will vielleicht jemand mitkommen?«

Bosseberta packte Malwines Tasche, kletterte hoch und setzte sich auf den Klappsitz neben Malwines Bahre. Während sie langsam losfuhren, sagte sie zu Malwine: »Sei ganz ruhig. Ich paß auf, daß deinem Huhn nichts passiert.«

Malwine klappte erschöpft die Augen zu.

Erst jetzt sah Bosseberta, daß sie doch reichlich mitgenommen war. Sie war von Kopf bis Fuß mit Mörtelstaub bepudert, ihr Nachthemd war zerfetzt, und aus ihrer zerzausten Haarzwiebel sickerte langsam ein Streifen Blut. Bosseberta mochte kaum hingucken.

»Putt, putt, putt«, sagte sie leise und streckte ihren Zeigefinger in die Tasche. Das Huhn schnappte zu und biß hinein.

»Du Mistvieh«, sagte Bosseberta und war froh, als sie beim Doktor anlangten.

Die beiden Sanitäter verschwanden mit Malwine in der Praxis.

Bosseberta setzte sich zu den Leuten ins Wartezimmer und stellte die Tasche zwischen ihre Füße. Dann sah sie auf die Uhr über der Tür und sah, wie die Zeit verging. Hoffentlich streut der Bauer den Leghorn jetzt Futter hin, dachte sie. Ihr fiel ein, daß der Vertreter für die neue Schrotmühle um diese Zeit kommen wollte und daß die Prämie für die Feuerversicherung noch nicht überwiesen war. Gefrühstückt hatte sie auch noch nicht; ihr Magen knurrte, aber sie saß hier und hütete Malwines verflixtes Huhn. Dabei war sie heilfroh, daß es sich so ruhig verhielt.

Ein kleiner Junge war viel unruhiger. Er kroch allen Leuten zwischen den Beinen herum, während seine Mutter erzählte, daß er sich vorhin drei Erbsen in die Nase gesteckt hätte. Zwei hatte sie bereits herausgefischt. Die dritte Erbse blieb verschwunden, nach der sollte nun der Doktor angeln. Plötzlich schrie der Bengel wie am Spieß, und Bosseberta zerrte ihn erschrocken von der Tasche weg.

Sie stand auf und ging mit dem Huhn nach draußen. Das dauert ja ewig, dachte sie. Was macht der Doktor bloß mit Malwine? Dann ertappte sie sich dabei, daß sie mit dem Huhn redete. »Wirst sehen, alles wird gut«, sagte sie, »deine Malwine kommt bald wieder auf die Beine. Die bringt so leicht nichts um – schon gar nicht ein Haufen Kohlköppe und Schutt.«

Bosseberta schüttelte den Kopf über sich selber. »Putt, putt, putt«, sagte sie, wie sie das von ihren Hühnern gewohnt war. Dann trug sie Malwines Huhn zurück ins Wartezimmer.

Die Mutter preßte ihren kleinen Jungen an sich und rutschte weg. Gleich darauf wurde Bosseberta aufgerufen. Im Sprechzimmer war weit und breit nichts von Malwine zu sehen. Der Doktor trocknete sich die Hände ab. Dann sagte er, nach seiner Meinung sei Malwine nichts Schlimmes passiert. Nur zur Sicherheit hätte er sie ins Krankenhaus überwiesen. Dort würde man sie noch einmal gründlich untersuchen, vielleicht bekäme sie auch ein paar Aufbauspritzen, das würde ihr bei ihrem Alter guttun.

Der Doktor gab Bosseberta die Hand und schloß: »In ein paar Tagen können Sie sie besuchen und ihr ihre Sachen bringen.« Damit zeigte er auf die Tasche, in der sich Malwines Huhn geduckt hatte und mucksmäuschenstill verhielt.

Der Bus fuhr Bosseberta vor der Nase weg. Sie mußte sich zu Fuß auf den Heimweg machen und brauchte eine halbe Stunde dazu.

Die Kurve um Malwines Haus war abgesperrt. Es sah ziemlich wüst dort aus. Wo sonst das Huhn im Sand scharrte, lagen Mauerbrocken. Malwines armseliger Hausrat lehnte daneben an der Wand. Das Loch in der Mauer war mit ein paar Balken abgestützt. Davor stand der Gemeinderat und wußte nicht, ob man die Bruchbude abreißen sollte oder ob es einen Zweck hatte, den Schaden nochmal zu flicken.

Als Bosseberta vorbeikam, wurde sie deshalb gefragt: »Was ist? Wie steht es um Malwine?«

»Krankenhaus«, gab Bosseberta zurück. Sie lief weiter, und der Gemeinderat war so klug wie zuvor.

Auf dem Bossehof ging inzwischen alles drunter und drüber. Bossebertas Mann tuckerte mit dem Kartoffelroder an ihr vorbei und brüllte: »Beeil dich, komm bald nach!«

In der Diele stolperte Bosseberta über zwei Eimer Pflaumen, die Malwine gestern noch aufgesammelt hatte und die längst Mus sein sollten.

Am Telefon meldete sich die Feuerversicherung, obwohl Bosseberta selber wußte, daß sie die Prämie wieder mal verschwitzt hatte. Und dann kreuzte auch noch der Vertreter wegen der Schrotmühle auf. Bosseberta wußte nicht, wo ihr der Kopf stand.

Mit einemmal gackerte Malwines Huhn ganz frech und ungeduldig in der Tasche. Dann machte es Anstalten herauszuhüpfen. Bosseberta nahm die Tasche hoch, sah dem Huhn in das Auge, das nicht vom Kamm verdeckt war, und sagte: »Hör zu, hier werden Hühnern keine Extrawürste gebraten. Hier bist du ein gewöhnliches Huhn wie alle anderen, verstanden?«

Dann ging sie zur Hintertür und kippte das Huhn aus der Tasche, mitten unter ihre eigenen weißen Leghorn.

82

Das Huhn stand da und rührte sich nicht.

Die Leghorn standen im Kreis herum und rührten sich auch nicht. Endlich sprang ein Leghorn vor und pickte Malwines Huhn in die Seite. Das drehte sich blitzschnell herum und hackte dem Leghorn so kräftig eins über den Kamm, daß es schreiend über den Hof rannte und in den Gemüsegarten flatterte.

»Du kommst schon zurecht«, sagte Bosseberta. Dann rief sie: »Putt, putt, putt«, streute Körner hin und kümmerte sich von da an den Tag über um ihre eigenen Angelegenheiten.

Manchmal fiel ihr kurz Malwines Huhn ein. Ach was, dachte sie, es ist ein Huhn wie alle anderen, was mache ich mir Sorgen.

Als sie in der Dämmerung vom Kartoffelacker kam, war der Hof leer. Die Leghorn waren zur gewohnten Zeit durch die Klappe in den Stall gekrochen und hockten sicher längst zum Schlafen auf der Stange. Auch Malwines Huhn war weg. Na also, dachte Bosseberta befriedigt.

Am nächsten Morgen bekam sie einen Heidenschreck. Sie kam auf den Hof und rief, wie gewohnt: »Putt, putt, putt«. Sofort wurde sie von ihren gackernden Leghorn umringt. Sie warf ihnen Körner hin und ging zu den Legekästen, um die Eier einzusammeln.

Und dort fand sie Malwines Huhn. Es hockte in der hintersten Ecke des Stalls auf einem Wisch Heu. Sein Kamm war an mehreren Stellen zerhackt und blutig. Rings umher auf dem Lehmboden lagen braune Federn. Als das Huhn Bosseberta sah, wollte es ausreißen. Es stand auf, torkelte ein paar Schritte und kippte um.

Bosseberta nahm es hoch und wickelte es in ihre Schürze.
Sie war heilfroh, daß Malwine nicht in der Nähe war. In
der Küche setzte sie sich auf einen Stuhl und strich dem
Huhn Melkfett auf die Wunden. Das war ein altes Haus-
mittel und hatte noch immer geholfen. Dann legte sie ein
Kissen in ihren Einkaufskorb, setzte das Huhn auf das
Kissen und trug es hinaus in die Sonne.
Sofort kamen von allen Seiten mit großem Geschrei die
Leghorn angerannt.
»Putt, putt, putt, weg mit euch!« rief Bosseberta und
scheuchte sie in den Gemüsegarten. Dort hatten sie sonst
nichts zu suchen, darum kratzten sie begeistert das
Erdbeerbeet hoch, scharrten die Petersilie aus der Erde
und zankten sich um Zwiebeln und Möhren.
»Putt, putt, putt, wollt ihr wohl!« schrie Bosseberta und
trieb sie mit einer Harke aus dem Garten auf die Wiese.
Als sie zurückkam, wankte ihr Malwines Huhn quer über

den Hof entgegen. Es stieß einen Klagelaut aus und fiel genau vor ihren Füßen hin.

Bosseberta wickelte es wieder in ihre Schürze. »Ist ja gut, ist ja alles gut«, murmelte sie und hob die Nase. Aus dem offenen Küchenfenster kam ein brenzliger Geruch. Das war das Pflaumenmus, das sich inzwischen auf sämtlichen Kochplatten breitgemacht hatte. Zugleich klingelte ununterbrochen das Telefon, und aus dem Kuhstall brüllte der Bauer nach dem Melkfett.

Wieder einmal wußte Bosseberta nicht, wo ihr der Kopf stand.

Sie schleppte Malwines Huhn in die Küche und setzte es auf das alte Sofa zwischen die Kissen, auf denen der Bauer jeden Tag zehn Minuten Mittagsschlaf hielt.

Dort saß es auch noch, als es endlich Essen gab.

»Seit wann haben wir Hühner in der Küche?« fragte Bossebertas Mann.

»Es ist doch nur Malwines Huhn«, sagte Bosseberta.

»Huhn ist Huhn«, sagte ihr Mann und trug das Huhn hinaus auf den Hof. Als er zurückkam, wanderte es hinter ihm her und hüpfte zurück auf den Sofaplatz. Als es der Bauer nach dem Essen dort vertreiben wollte, schnappte es zu, und er verzichtete fluchend auf die schönsten zehn Minuten vom ganzen Tag.

»Mach dir nichts draus, er ist sonst ein guter Kerl«, sagte Bosseberta, als sie mit dem Huhn allein war.

Es stand wacklig auf, hüpfte vom Sofa und strich um Bossebertas Beine. Sie bückte sich und strich dem Huhn über das struppige Gefieder.

Dann sah sie, daß auf dem Sofa mitten auf dem besten Kissen ein Ei lag. Es war reichlich klein und hatte an der

Seite eine weiche Stelle. Nie hätte Bosseberta so ein schäbiges Ei bei ihren Leghorn durchgehen lassen. Dieses Ei nahm sie hoch und drehte es andächtig in der Hand.

»Ist das etwa für mich?« fragte sie.

Das Huhn gurrte leise. Es saß inzwischen auf dem Stuhl, auf dem nur der Bauer sitzen durfte.

Bosseberta trug das Ei zum Regal und legte es zwischen die Zuckerdose mit dem Eiergeld und das Foto ihrer Eltern.

Dann wusch sie ab und räumte auf und ertappte sich dabei, daß sie ununterbrochen mit dem Huhn redete. Das darf nicht wahr sein, dachte sie zwischendurch. Zu ihren eigenen Hühnern sagte sie nichts anderes als »Putt, putt, putt.« Und diesem schäbigen Huhn, gegen das alle Leghorn prachtvolle Schönheiten waren, erzählte sie alles, was sie auf dem Herzen hatte. Sie erzählte ihm von dem Ärger mit der Feuerversicherung, von den schlechten Preisen für Kartoffeln und Eier, von den Steuerschulden, von den Hypotheken, die auf dem Hof lasteten, und zuletzt beklagte sie sich bei Malwines Huhn über ihren eigenen Mann.

Als sie so weit war, schlug sie sich an die Stirn und sagte: »Das geht entschieden zu weit. Was fällt dir denn ein. Du bist doch nichts weiter als ein ganz gewöhnliches dummes Huhn.«

Das Huhn stand auf, reckte sich und machte einen Klecks auf den Stuhl. Dann hüpfte es hinunter und hockte sich wieder auf den Sofaplatz.

Am Abend konnte Bossebertas Mann schimpfen, soviel er wollte. Bosseberta ließ Malwines Huhn nicht wieder zu den Leghorn in den Hühnerstall. Was dort gestern nacht passiert war, wollte sie nicht noch einmal riskieren. Immerhin hatte sie vor, Malwine im Krankenhaus zu besuchen, und falls es Malwine besser ging, würde die garantiert nach ihrem Huhn fragen. Dann durfte es nicht halb zerhackt sein, um gar keinen Preis.

Malwines Huhn schlief in dieser Nacht auf dem Sofa.

Am nächsten Morgen stolzierte es in der Küche herum. Es hatte bereits sämtliche Körner gepickt, die Bosseberta ihm in einem Schälchen hingestellt hatte. Nun pickte es die Brotkrümel auf, die sie ihm von ihrem Frühstücksbrot abgab.

»Was sind das hier für neue Moden«, brummte der Bauer hinter seiner Zeitung. Aber Bosseberta sah genau, daß auch er das Huhn heimlich fütterte. Als er ging, sagte er nichts, obwohl das Huhn schon wieder auf dem besten Sofaplatz hockte.

Bosseberta erkundigte sich telefonisch im Krankenhaus nach Malwine. Es hieß, daß Malwine ein Besuch guttäte, und darum machte sie sich nach dem Mittagessen auf den Weg. Vorher holte sie einen Strauß Dahlien aus dem Garten und pflückte an der Hecke die letzten Brombeeren in einen Topf.

Sie überlegte, worüber sich Malwine wohl noch freuen würde. Insgeheim wußte sie recht gut, was das war. Sie wußte aber ebensogut, daß Tiere im Krankenhaus nicht erwünscht waren.

Bosseberta ließ es darauf ankommen. Sie setzte das Huhn neben den Topf voll Brombeeren in die Einkaufstasche und deckte es, so gut es ging, mit dem Dahlienstrauß zu. Dann fuhr sie im Nachmittagsbus in die Kreisstadt zum

Krankenhaus. Vor der Schranke, hinter der der Pförtner saß, guckte sie noch einmal in die Tasche hinein.

»Benimm dich bitte anständig«, sagte sie zu Malwines Huhn, »wenn wir jetzt erwischt werden, fliegen wir beide rückwärts wieder raus.«

Sie nahm den Dahlienstrauß aus der Tasche, drückte das Huhn nach unten und zog den Reißverschluß zu. Das Huhn verstand offensichtlich, worum es ging. Es saß ganz still, als wären nur Brombeeren in der Tasche, und Bosseberta kam ungeschoren am Pförtner vorbei.

Malwine lag mit fünf anderen Frauen im Zimmer. Sie lag starr und steif da und starrte in die Luft. Jetzt sah sie wirklich aus wie hundert. Um die übrigen Betten saßen Besucher und murmelten leise. Nur an Malwines Bett saß niemand.

Bosseberta angelte nach einem Stuhl und setzte sich zu ihr. »Tag, Malwine, wie geht's denn so?« sagte sie. Sie bekam keine Antwort. Es war, als hätte Malwine sie nicht gehört.

Eine Frau im Nachbarbett richtete sich auf und sagte: »Da haben Sie kein Glück. Die Oma ist stumm wie ein Fisch. Nur nachts kann sie reden. Da faselt sie unentwegt von einem Huhn.«

Bosseberta beugte sich vor und flüsterte: »Guck mal, Malwine, wen ich da bringe.« Sie machte die Tasche ein wenig auf. Das Huhn kam hoch und drehte seinen Kopf zu Malwine.

Malwine drehte ihren Kopf langsam zum Huhn. Sie sah das Huhn an, und das Huhn sah sie an. Dann gurrte es leise.

Plötzlich begann Malwine zu lachen. Sie lachte ganz lautlos, und ihr Mund zog sich dabei von einem Ohr zum andern. Ihre Hand kam unter der Bettdecke hervor und kraulte das Huhn am Kopf. Das Huhn schloß die Augen und hielt still. Malwine brummelte irgendwas in der fremden Sprache, was Bosseberta nicht verstand. Das Huhn antwortete.

Leider kamen zwei Schwestern herein und jagten alle Besucher fort, weil sie die Betten machen wollten. Bosseberta packte schnell die Dahlien und die Brombeeren auf Malwines Nachttisch und zog den Reißverschluß über dem Hühnerkopf zu.

»Morgen kommen wir wieder«, sagte sie und hob an der Tür noch einmal die Tasche hoch. Malwine nickte und winkte.

»Unserer Oma geht es besser«, sagte die eine Schwester zu der andern.

»Unsere Malwine wird wieder«, sagte Bosseberta zum Huhn, während sie draußen an der Haltestelle auf den Bus wartete. »Paß auf, bald kommt sie heim. Und so lange bleibst du bei mir.«

Während sie das sagte, wurde es Bosseberta ein bißchen wehmütig zumute. Sie dachte an den Tag, an dem sie sich von Malwines Huhn trennen sollte.

Daheim rief sie gleich den Gemeinderat an: Kurve hin, Kurve her – Malwines Haus mußte schnell wieder hergerichtet werden, denn wie es aussah, würde es Malwine ja wohl noch eine Weile machen.

BOLLMANNS REH

Weil Vollmond war, konnte Frau Bollmann nicht schlafen. Sie lag wach, und die Gedanken jagten durch ihren Kopf wie draußen die Wolken über den Himmel.

Neben ihr lag Herr Bollmann. Ihm machte Vollmond nichts aus. Er schlief fest und schnarchte friedlich.

So ist er nun, dachte Frau Bollmann, er ahnt nichts und merkt nichts von dem, was in mir vorgeht – ihm ist alles egal.

Weil Herr Bollmann so fest schlief, hörte er natürlich auch nichts. Er hörte nicht das seltsame Geräusch, das aus dem Garten kam. Aber Frau Bollmann hörte es. Sie setzte sich auf und lauschte.

Da war es wieder. Es hörte sich an, als ob jemand in die Hände klatschte. Oder eher, als würde nasse Wäsche gegen eine Wand geschlagen. Oder so, als versuchte jemand, die Fensterscheibe auf der Terrasse einzuschlagen.

Frau Bollmann bekam Herzklopfen und rüttelte Herrn Bollmann wach. »Horch mal«, flüsterte sie.

»Was soll ich horchen?« fragte Herr Bollmann schlaftrunken.

90

»Irgendwer ist in unserm Garten«, flüsterte Frau Bollmann, »vielleicht ein Einbrecher, der uns überfallen will.
Oder ein Landstreicher, der sich bei uns einnistet. Oder so
ein moderner Geiselnehmer, du weißt schon.«

»Nichts weiß ich«, sagte Herr Bollmann, »solange du
nicht still bist.« Dann lauschte er auch und stellte fest: »Es
ist unten am Teich.«

»Ach herrje, dann ist es womöglich ein Kind«, rief Frau
Bollmann erschrocken, »ich hatte immer Angst, daß mal
ein Kind in unsern Gartenteich fällt.«

»Ausgerechnet nachts um halb drei«, brummte Herr Bollmann und angelte nach seinen Pantoffeln.

»Wo willst du hin?« fragte Frau Bollmann. »Rufst du die
Polizei?«

»Unsinn«, sagte Herr Bollmann, »ich sehe mal nach, wer
da ist.«

»Das tust du nicht allein, ich komme mit«, sagte Frau
Bollmann. Doch bis sie sich in ihren Morgenrock gewik-
kelt und die Hausschuhe unter dem Bett gefunden hatte,
war Herr Bollmann fort.

Er schloß leise die Küchentür auf. Neben der Tür lehnte
die Harke, mit der er gestern das gemähte Gras zusam-
mengekratzt hatte. Herr Bollmann packte die Harke,
sprang mit ein paar Sätzen über den Rasen und duckte
sich hinter einen Busch. Von dort aus rief er: »Halt, wer
da?« Er bekam keine Antwort.

Die Wolken jagten über den Himmel. Mal verdeckten sie
den Mond, mal gaben sie ihn wieder frei. Der Wind
peitschte die Büsche, die Bäume und Herrn Bollmann, der
nichts als seinen Schlafanzug anhatte.

»Da bin ich. Was ist?« flüsterte Frau Bollmann hinter ihm.

»Komm, ich zeige dir deinen Einbrecher«, sagte Herr Bollmann und zog sie zum Teich.

Mitten drin stand dort ein Reh. Das Wasser reichte ihm bis zum Hals. Es stand da, ohne sich zu rühren, es zitterte nur und starrte mit weit aufgerissenen Augen hoch zum Mond.

»Ach, das arme Ding«, rief Frau Bollmann, »sicher hat es trinken wollen und ist dabei hineingerutscht. Hol es schnell raus.«

»Raus mit dir«, sagte Herr Bollmann und stupste das Reh mit dem Harkenstiel in die Seite.

Das Reh drehte sich einmal um sich selber, es tauchte mit dem Kopf unter, kam wieder hoch und stand unbeweglich da wie vorher.

»Wie konntest du so grob sein«, sagte Frau Bollmann vorwurfsvoll. »Rehe sind äußerst empfindsam, das weiß doch jeder. Sie können vor Schreck einen Herzschlag kriegen.«

»Wenn ich nicht zurück in mein Bett darf, krieg *ich* einen«, sagte Herr Bollmann.

Das machte Frau Bollmann nichts aus. Sie kniete zwischen den Stauden am Teichrand und versuchte das Reh zu streicheln. Dabei rutschte sie fast ebenfalls ins Wasser. Herr Bollmann packte sie im letzten Moment und sagte: »Komm schlafen. Das dumme Tier wird schon von allein da rausfinden.«

»Das wird es nicht, du herzloser Mensch«, fuhr ihn Frau Bollmann an. »Wenn du nichts unternimmst, rufe ich den Tierschutzverein an.«

Herr Bollmann drehte den Harkenstiel herum und brummte: »Na gut, dann hilf mir mal. Wie schieben das Reh einfach mit der Harke hoch. Los, hau ruck.«

Herr und Frau Bollmann gaben sich große Mühe. Mit vereinten Kräften schoben sie das Reh am Hinterteil zum Teichrand hin. Doch wenn das Reh vorher den kleinen Stups mit dem Harkenstiel übelgenommen hatte, war es von diesem Manöver richtig beleidigt. Es bekam einen solchen Tobsuchtsanfall, daß Herr und Frau Bollmann vom Kopf bis zu den Füßen klitschnaß wurden. Sie warfen die Harke weg und sprangen beiseite.

Das Reh stand inzwischen wieder mitten im Teich. Jetzt zitterte es nicht nur, jetzt bebte es so sehr, daß die Wellen im Mondschein glitzerten.

Frau Bollmann wrang die Säume von ihrem Morgenrock aus und jammerte: »Wir bringen es noch um. Es verliert völlig die Nerven. Hast du nicht gemerkt, daß es immer wieder ausrutscht? Dein Folienteich ist ja auch glitschig wie Haferschleim.«

Herr Bollmann war auf dem feuchten Rasen von einem Pantoffel auf den andern gehüpft, denn er zitterte vor Kälte fast so sehr wie das Reh. Er hüpfte noch einmal hoch und sagte dann: »Wieso ist das mit einemmal *mein* Folienteich? *Du* wolltest doch unbedingt diese Pfütze im Garten haben, diesen Biotopf.«

»Biotop, merk dir das endlich«, verbesserte ihn Frau Bollmann.

»Egal«, sagte Herr Bollmann entschlossen, »ich hole mir hier keine Lungenentzündung. Ich gehe schlafen.«

»Aber das Reh kann eine Lungenentzündung bekommen, das macht dir nichts aus«, sagte Frau Bollmann und hielt ihn fest. »Du bleibst hier, bis ich das arme Tier gerettet habe. Und zwar nicht mit der harten, spitzen Harke, sondern zart und sanft. Du wirst schon sehen.«

»Wo willst du hin? Was hast du vor?« rief Herr Bollmann hinter ihr her, als sie zum Kellereingang lief. Dort verschwand sie und kam kurz darauf mit einem Armvoll alter Kohlesäcke zurück.

»Wenn du wüßtest, wie du aussiehst«, sagte Herr Bollmann vorwurfsvoll, denn Frau Bollmanns Morgenrock war von oben bis unten schwarz geworden. Das kümmerte Frau Bollmann nicht. Sie kniete auf der Erde und breitete die Säcke rund um den Teich aus. Zur Hälfte hingen sie im Wasser, zur Hälfte lagen sie draußen auf dem Rand über den Stauden.

Herr Bollmann sah ihr zu, nieste ein paarmal und fragte dann: »Was soll das werden?«

»Das Reh muß einen Halt haben, wenn es aus dem Teich klettert«, sagte Frau Bollmann, »aber darauf wärst du ja nicht gekommen.« Dann klatschte sie in die Hände und rief: »Komm, mein Schatz! Mama hat dir alles gerichtet! Nun hüpf und spring!«

Das Reh dachte gar nicht daran. Es stand unbeweglich mitten im Teich und glotzte den Mond an.

»Spring doch! Hüpf doch!« lockte Frau Bollmann immer wieder.

Das Reh zuckte nur kurz mit dem rechten Ohr, sonst rührte es sich nicht.

Dafür hüpfte Herr Bollmann durch das Gras, um warm zu werden. Nun nahm er ungeduldig die Harke hoch und rief: »Hast du nicht gehört, was Mama gesagt hat? Du sollst springen!« Und er stieß dem Reh wieder mit der Harke ins Hinterteil.

Diesmal sprang das Reh. Es sprang nach links, und es sprang nach rechts, es sprang vor, und es sprang zurück. Und zerrte dabei Sack für Sack ins Wasser hinein. Danach stand es wieder still da und zitterte.

Frau Bollmann raufte sich die Haare. »Du Unhold!« rief sie, »du hast alles verpfuscht. Dabei war es eine so gute Idee. Aber du mußtest ja wieder mit der Harke kommen, obwohl du weißt, wie sensibel dieses Tier ist.«

»Ich bin auch sensibel, das vergißt du immer. Ich möchte so gerne schlafen«, sagte Herr Bollmann. Als er keine Antwort bekam, gab er zu: »Naja, deine Idee war gut. Aber sie konnte nicht klappen. Die Säcke müssen befestigt werden, sonst rutschen sie im Teich genauso ab wie das Reh.«

»Dann befestige sie bitte«, sagte Frau Bollmann.

Und sie fing an, Sack für Sack mit dem Harkenstiel aus dem Wasser zu fischen. Sobald sich das Reh bewegte, hörte sie auf und redete ihm gut zu. Wenn es ruhig war, machte sie weiter.

Inzwischen lief Herr Bollmann zum Neubau auf dem Nachbargrundstück. Von dort schleppte er keuchend schwere Betonsteine herbei. Dann machten sich Herr und Frau Bollmann erneut ans Werk. Frau Bollmann breitete wieder die Säcke rund um den Teich aus, halb im Wasser, halb auf dem Rand. Und Herr Bollmann beschwerte sie diesmal mit den Steinen. Es war eine mühsame Arbeit, aber sie hatte etwas Gutes: Herrn und Frau Bollmann wurde warm dabei. Als sie fertig waren, schwitzten sie richtig.

Allmählich begann der Mond am Himmel zu verblassen. »Verstecke bitte die Harke«, sagte Frau Bollmann. Dann lockte sie das Reh: »Komm, Liebling! Papa und Mama haben alles schön gerichtet. Du kannst unbesorgt aus dem Teich klettern. Komm!«

Das Reh rührte sich nicht.

Herr Bollmann joggte durch den Garten und machte ein paar Freiübungen. Dann gähnte er, kam und fragte: »Was ist?«

»Es will nicht«, sagte Frau Bollmann.

Da verlor Herr Bollmann wieder die Geduld. Er griff zur Harke und rief: »Das werden wir gleich haben!«

»Nein!« rief Frau Bollmann und fiel ihm in den Arm. Dabei fiel die Harke ins Wasser, und sie fiel dem Reh auf den Rücken.

Das Reh regte sich dreimal mehr auf als zuvor. Im Nu hatte es wieder sämtliche Säcke in den Teich gezerrt und die schweren Betonsteine dazu. Erst als der letzte Sack mit dem letzten Stein versunken war, beruhigte es sich einigermaßen. Herr und Frau Bollmann waren erneut von oben bis unten naß.

Diesmal wollte Frau Bollmann aufgeben. Sie setzte sich ins feuchte Gras und jammerte: »Wir schaffen es nicht, o nein, o nein.«

»Doch, wir schaffen es!« rief Herr Bollmann und rannte ins Haus. Von dort kam er mit der hölzernen Trittleiter zurück und sagte: »Das blöde Reh bekommt seine letzte Chance. Wenn es diesmal nicht spurt und rausklettert, kann es von mir aus da drin zum Goldfisch werden.«

Er senkte die Trittleiter ins Wasser und angelte nach der schwimmenden Harke. Dabei berührte er das Reh mit dem Harkenstiel nur ein ganz klein wenig am Hinterteil, aber das Reh nahm es ihm übel. Es tobte im Kreis herum, tauchte auf und unter, verwickelte sich in die Säcke, rutschte auf den Steinen aus und verschwand schließlich. Herr Bollmann hatte vor Schreck die Leiter losgelassen. Sie schwamm im Teich herum, und das Reh kam mit dem Kopf zwischen zwei Sprossen nach oben.

»Das war jetzt die dämlichste Idee von allen«, schimpfte Frau Bollmann, die längst wieder aufgestanden war. »Jedes Kind weiß doch, daß Holz oben schwimmt. Soll das Reh etwa auf der Leiter rumgondeln wie auf einem Floß?«

»Das ist mir egal«, sagte Herr Bollmann, »ich habe das Reh gewarnt. Jetzt ist Schluß. Jetzt rufe ich den Förster an, und der weiß, was er machen muß. Wenn wir Glück haben, gibt er uns eine Keule oder ein Stück vom Rücken ab.«

»Du Meuchelmörder!« rief Frau Bollmann. »Wie kannst du so herzlos sein? Stell dir vor, ich wäre in den Teich gefallen. Was würdest du denn dann tun?«

Das wußte Herr Bollmann allerdings auch nicht und wollte es sich auch nicht vorstellen. Im Augenblick gab es nichts, was er so satt hatte wie dieses Reh. Er war müde. Er war naß. Er fror. Und er bekam immer mehr dieses Kratzen im Hals, das einen Schnupfen ankündigte. Herr Bollmann sehnte sich nach seinem Bett.

Hinter den Büschen wurde der Himmel rosa. Ein paar Vögel begannen zu zwitschern. Eine Amsel landete am Teichrand, um zu baden. Doch sie flog schnell wieder fort, als sie merkte, was für ein Betrieb dort herrschte.

Herr Bollmann drehte sich plötzlich herum und stapfte noch einmal hinüber zum Nachbargrundstück. Frau Bollmann wollte ihn fragen, was er vorhatte, aber sie kam nicht dazu, denn sie mußte gleichzeitig husten und niesen. Herr Bollmann kam mit einer eisernen Baukarre zurück. Er zerrte die Trittleiter aus dem Teich, drehte die Karre herum und schob sie in das Wasser hinein. Sie lehnte schräg am Teichrand, und ihre Griffe ragten in die Luft. »Komm«, sagte Herr Bollmann zu Frau Bollmann, »laß es mal eine Weile in Ruhe. Wenn es einen Rest von Verstand hat, wird es jetzt rausklettern.« Und er zog sie hinter sich unter einen Busch.

Von dort aus beobachteten sie, daß das Reh keinen Verstand hatte. Es stand weiterhin unbeweglich im Wasser und ließ sich von den badenden Amseln anspritzen.

Frau Bollmann klapperte mit den Zähnen, und Herr Bollmann bekam Halsschmerzen. Da sprang Herr Bollmann plötzlich vor, packte die Harke, stieß dem Reh kräftig ins Hinterteil und brüllte: »Hau ab! Hau endlich ab!«

Das Reh brauchte zwei oder drei Sekunden, ehe es kapiert hatte, was man ihm da antat. Dann sprang es entsetzt mit allen vier Läufen zugleich in die Luft. Es überschlug sich, drehte sich im Fallen und geriet mit beiden Vorderläufen in das Gestänge der Karre. Eine Weile strampelte es und versuchte, sich zu befreien. Dann gab es auf. Es lag platt oben auf der Karre, schnappte nach Luft und verdrehte die Augen.

Frau Bollmann rang die Hände und konnte nichts anderes rufen als: »O nein, o nein!« Dann hatte sie sich gefaßt und jammerte: »Bestimmt hat es sich was gebrochen. Und was machen wir dann? Wie konntest du nur!«

»Sei still und hilf mir lieber«, sagte Herr Bollmann. Er versuchte, die schwere, eiserne Karre mitsamt dem Reh aus dem Teich zu ziehen. Erst als auch Frau Bollmann zupackte, gelang es ihnen mit vereinten Kräften, und als sie es geschafft hatten, kippten sie rückwärts ins Gras.

Das Reh lag über ihnen auf der Karre und glotzte sie an. Plötzlich begann es zu strampeln, und mit einemmal war es frei. Es drehte sich blitzschnell herum und wollte weg. Hinter ihm lag der Teich. Um ein Haar wäre es wieder dort hineingesprungen. Frau Bollmann war schneller. Sie raffte sich auf, packte das Reh und zerrte es zur Seite. Das Reh trat ihr dabei gegen ihr Schienbein. Frau Bollmann schrie: »Au!« und ließ los.

In wenigen Sätzen war das Reh am Zaun, und mit einem hohen Sprung setzte es darüber hinweg. Dann rannte es gegen die aufgehende Sonne auf den Waldrand zu. Herr und Frau Bollmann sahen ihm nach, bis es verschwunden war.

In der Küche gossen sie sich einen Kräutertee auf. Sie wärmten sich unter der Dusche, und als es an der Zeit war, riefen sie Herrn Bollmanns Firma und Frau Bollmanns Büro an. Dort meldeten sie sich für eine Weile krank. Im Bett husteten und niesten sie um die Wette. Als Herr Bollmann grade eingeschlafen war, weckte ihn Frau Bollmann noch einmal und wollte wissen: »Erkälten sich Rehe eigentlich auch?«

KRYSTINAS FLIEGE

Ob Krystina immer noch am Straßenrand steht und weint? Immer kleiner ist sie geworden – zuletzt war sie so winzig wie die Mucha. Und als unser Auto um eine Kurve fuhr, da war sie weg.

Ich darf gar nicht daran denken, daß ich sie vielleicht nie wieder sehen werde. Krystina kann uns ja nicht einfach so besuchen, wie wir sie besucht haben, und Mama sagt grade: »Vorläufig bringen mich keine zehn Pferde nochmal hierher. Bin ich froh, daß wir wieder heim können.« Eben, beim Abschied, haben alle solche Gesichter gemacht wie die Leute auf Opa Karls Beerdigung. Alle haben sich umarmt und halb totgedrückt. Sie haben sich immer wieder links und rechts auf die Backen geküßt. Krystina und ich, wir haben uns nur angesehen. Es war uns ganz arg. Und als ich im Auto saß, hat Krystina mit einemmall geweint.

Das ist doch erst ein paar Minuten her, komisch. Papa und Mama reden schon wieder ganz was anderes. Papa will unbedingt rauchen, und Mama kramt im Handschuhfach und in allen Taschen nach Zigaretten. Sie findet natürlich keine einzige, denn Jerzy hat ja den ganzen Vorrat bekommen, den Papa sich für die Reise mitgenommen hatte. Und das kleine rote Gasfeuerzeug dazu. Zum Glück findet Mama noch eine halbe Rolle Pfefferminzbonbons unter den Straßenkarten. Auf denen beißt Papa nun herum und ist richtig grantig, weil er bis hinter die Grenze ohne Zigaretten auskommen muß.

Mama hat im Radio flotte Tanzmusik erwischt. Das Auto hüpft im Takt durch die vielen Schlaglöcher, und Papa stöhnt bei jedem Hopser über seine armen Stoßdämpfer. Ich kann mir schon denken, was jetzt kommt. Tatsächlich. Papa und Mama fangen wieder von den Verhältnissen hier an. Dabei haben sie das Tag für Tag mit Tante Janka und Jerzy durchgesprochen. Wenn Jerzy am Abend nicht aufhören wollte, hat Tante Janka manchmal gegähnt und gesagt: »Schluß jetzt, das ist sowieso ein Thema ohne Ende.« Aber Papa und Mama werden auch nicht fertig damit.

Ich habe mich herumgedreht und gucke zurück. Die Straße ist ganz grade. Es sieht aus, als ob sie in den Himmel läuft. Hinter uns her zieht eine lange Staubwolke. Wir fahren fast allein, nur manchmal überholen wir ein Pferdegespann, das einen Heuwagen zieht, manchmal auch einen Traktor.

Einmal überholt uns mit lautem Geknatter ein Motorradfahrer. Papa hat nun auch noch eine Staubwolke vor der Nase und ärgert sich.

Links und rechts sind riesige Getreidefelder. An den Straßenrändern blühen bunte Blumen.

»Richtiger Klatschmohn, richtige Kornblumen, so was gibt es kaum noch bei uns, guck mal«, sagt Mama.

Genauso voller Blumen war die Wiese, auf der Krystina und ich gelegen haben. Gleich nachdem wir angekommen waren, hat Krystina mich an der Hand genommen und ist mit mir dorthin gerannt. Vier Tage ist das erst her, und mir kommt es vor wie eine Ewigkeit.

Ich hatte mich mächtig auf Krystina gefreut. Tante Janka hatte in jedem Brief von ihr geschrieben, manchmal lag auch ein Foto dabei. Darum wußte ich schon, daß Krystina lange dünne Zöpfe hat und genauso groß ist wie ich. Mama hat ihr immer meine abgelegten Sachen geschickt. Als wir ankamen, trug Krystina dann auch mein altes T-Shirt mit einem Goofy vorne drauf.

Leider hab ich aber einen Schreck gekriegt. Krystina konnte nämlich kein Wort Deutsch, und ich kann natürlich auch nicht Polnisch.

Während Papa, Mama, Tante Janka und Jerzy durcheinander redeten und ganz aufgeregt waren, hockten Krystina und ich nur da und grinsten uns an. Und während Papa und Mama alles aus dem Auto herbeischleppten, was wir mitgebracht hatten, und Tante Janka und Jerzy nicht fertig wurden, alles zu bestaunen und zu bewundern, hat Krystina mich plötzlich hochgezogen. Wir sind aus dem Haus und über den Hof gerannt, daß die Hühner und Gänse nur so hochflatterten. Dann sind wir über den Zaun geklettert und haben uns mitten in die Blumenwiese geworfen.

Das war schön. Es war so schön, daß ich auf dem Rücken lag und nach Luft schnappen mußte. Krystina hat mich mit einem Grashalm gekitzelt, und wir mußten lachen. Dazu braucht man kein Deutsch und auch kein Polnisch.

Mit einemmal war die kleine Fliege da. Sie war auf Krystinas braunem Arm gelandet, rieb ihre winzigen Vorderbeine gegeneinander und fuhr sich damit immer wieder über die Flügel. Wir steckten die Köpfe zusammen und sahen ihr zu.

»Mucha«, sagte Krystina.

Ich wußte gleich, was es hieß, und wiederholte: »Mucha, Fliege, Mucha.« Ich war richtig stolz, weil ich schon ein bißchen Polnisch gelernt hatte.

Dann rief Tante Janka uns zum Essen. Tante Janka und Jerzy können von früher her ganz gut Deutsch. Sie haben beim Essen für Krystina übersetzt, was Papa, Mama oder ich sagten. Es ging richtig lustig zu. Aber dann sagte Mama: »Ich verstehe nicht, wieso Krystina kein Deutsch kann.«

Wieso, dachte ich, wir können doch auch kein Polnisch. Ehe Mama sonst auf eine Reise geht, macht sie immer einen Abendkurs mit. Sie kann ein bißchen Italienisch und ein bißchen Spanisch und ein bißchen Griechisch. Diesmal hat sie das nicht gemacht.

Tante Janka und Jerzy entschuldigten sich. Sie fingen von den Verhältnissen und den Problemen an, bei denen vieles, was eigentlich wichtig sei, vergessen würde. In der Küche kochte inzwischen die Gemüsesuppe über, die Plinsen brannten an, und Krystina und ich waren so gut wie abgeschrieben.

Als Tante Janka grade an allen zehn Fingern vorrechnete, wie wenig sie nebenher mit ihren Gurken, Kartoffeln und Eiern verdienten, setzte sich eine Fliege mitten auf ihre Stirn. Tante Janka scheuchte sie weg, und die Fliege wanderte über Papas Teller. Papa scheuchte sie weg, und sie setzte sich auf Jerzys Nasenspitze.

Krystina und ich hatten gebannt zugesehen. Nun guckten wir uns an und bekamen einen Kicheranfall.

»Mucha«, sagte ich, und Krystina antwortete: »Mucha.« Dann mußten wir schnell aufspringen und rausrennen, sonst wären wir geplatzt.

Ja, wenn Krystina nicht gewesen wäre, hätte ich mich in diesen Tagen sicher gelangweilt. Aber mit Krystina war es schön. Wir verstanden uns fast ohne Worte. Und wenn es gar nicht anders ging, liefen wir schnell zu Tante Janka in die Küche oder in den Stall, und sie übersetzte für uns.

Papa und Mama kutschierten mit Jerzy in der Gegend herum, denn er wollte ihnen alles zeigen. Aber eigentlich, meinte Papa, wollte sich Jerzy nur in unserm Auto zeigen.

105

Tante Janka fuhr nicht mit. Sie mußte ja die Hühner und Gänse und das Schwein versorgen und stand überdies in der Küche und schmorte und kochte und brutzelte und briet und backte. Soviel wie in den letzten Tagen hab ich lange nicht gegessen.

Es ist besser, wenn ich den Reißverschluß von den Jeans mal aufmache. Ob Krystina immer noch weint?

Wir wollen uns nun jede Woche einen Brief schreiben. Tante Janka hat versprochen, daß sie meine Briefe für Krystina übersetzt. Die Briefe von Krystina will sie deutsch für mich abschreiben.

Warum zuckt Papa so nervös mit den Schultern? Er dreht den Kopf hin und her und schlägt sich ins Gesicht. Und wenn Mama eben nicht schnell ins Lenkrad gegriffen hätte, wären wir im Straßengraben gelandet. Was hat Papa nur?

Nun fängt Mama auch noch an. Sie wedelt mit ihrem Kopftuch, dann kurbelt sie die Scheibe herunter. Der Wind weht ihre Haare hoch, und Mama dreht die Scheibe schnell wieder zu.

»Ist sie weg?« fragt Papa.

Plötzlich weiß ich, was sie so verrückt gemacht hat, denn die Mucha landet im Sturzflug auf meiner Hand. Jetzt krabbelt sie an meinem Arm hoch. Es kitzelt ein bißchen, aber daran bin ich gewöhnt. Ich sitze ganz still, um sie nicht zu stören. Und ich habe Herzklopfen. Die Mucha ist mitgekommen! Sie reist mit uns!

Wie oft haben wir die Mucha so auf uns herumwandern lassen, wie sie es jetzt tut. Sie war immer bei uns, bei Krystina und mir, ob wir nun im Gras lagen oder auf dem Zaun hockten oder zu Tante Janka liefen.

Einmal war sie in meinen Haaren und wollte nicht wieder raus. Einmal hatte sie sich unter Krystinas Hemd versteckt. Und einmal fischten wir sie aus Tante Jankas Milchtopf, das war ganz schön aufregend. Danach saß sie mindestens zehn Minuten benommen auf dem Fensterbrett, ehe sie wieder so weit beisammen war, daß sie sich putzen konnte.

Anfangs dachte ich, es kann nicht immer dieselbe Mucha sein. Auf der Wiese schwirrten sicher tausend Muchas rum, im Schweinestall waren nochmal hundert, na, und in Tante Jankas Küche waren so viele, daß Tante Janka immer wieder das Fenster aufmachte und ein paar hinausscheuchte, aber sie kamen durch die offene Tür einfach wieder herein.

Inzwischen weiß ich, daß unsere Mucha anders war als die anderen. Hübscher und schlauer und schneller. Der Beweis ist ja, daß sie hier bei mir im Auto ist. Sicher hat Krystina sie mir geschickt.

Die Mucha hat Krystina und mich immer begleitet, egal, wohin wir auch gingen. Sie kam mit in den Konsumladen und in die Genossenschaft. Und auch mit in die Schule. Dorthin bin ich nämlich mit Krystina gegangen. Alle Kinder haben mich angestaunt, und die Lehrerin verlangte, daß ich was auf deutsch sage. Das haben die Kinder nachgesprochen, es klang ganz komisch.

Die Mucha war sogar mit uns in der Kirche, gestern, am Sonntag. Papa, Mama, Tante Janka und Jerzy waren natürlich auch dabei. Es war ganz anders als bei uns, viel feierlicher, obwohl die Kirche ganz klein ist. Mama sagt, es war so feierlich, weil es katholisch war. Jedenfalls war die Mucha mit in der Kirche. Krystina schubste mich an,

als grade ein Junge in einem weißen Hemd vorbeikam, der einen Kessel schwenkte, aus dem es dampfte. Weil ich hinter dem Jungen hersah, kniff mich Krystina auch noch. Da sah ich unsere Mucha. Sie spazierte einem dicken Mann, der vor uns kniete, über sein Genick in die Jacke hinein, und der Mann merkte es nicht. Als er aufstand und lauthals zu singen begann, kam sie wieder hervor und schwirrte ihm empört vor der Nase herum. Dann landete sie auf Krystinas Sonntagsrock und putzte sich.

Wenn ich es mir recht überlege, kommt die Mucha anstelle von Krystina mit. Krystina ist noch niemals verreist. Sie kennt die Welt nur aus dem Schulatlas und ein paar Büchern, in denen sie sich immer wieder die Bilder ansieht. Wir haben nebeneinander gesessen, sie hat mit dem Finger hingezeigt, und ich habe genickt. Nicht immer natürlich, aber ziemlich oft. Wir waren ja tatsächlich schon überall, wo es besonders schön ist. Mama ist so reisewütig, obwohl sie diesmal sagt: »Hier bringen mich keine zehn Pferde wieder hin.«

Für mich war es die schönste Reise bisher.

Und am allerschönsten wäre es gewesen, wenn Krystina mitgekonnt hätte. Mein Zimmer ist groß genug für ein zweites Bett, und ich hätte Krystina alles zeigen können, was sie nicht kennt. Wenn ich noch lange darüber nachdenke, muß ich so heulen wie Krystina vorhin beim Abschied.

Gestern abend, nach dem Essen, haben Papa und Mama alle zu uns eingeladen. Tante Janka hat gleich abgewinkt. Sie weiß nicht, wer inzwischen ihre Hühner und Gänse und das Schwein füttert. Jerzy kann nicht ohne weiteres weg aus seinem Betrieb, er weiß nicht, ob sein Chef ihn fortläßt. Und Krystina ist noch zu klein, um allein eine so weite, schwierige Reise zu machen. Und überhaupt, sagten Tante Janka und Jerzy, müßten sie so viele Anträge und Formulare ausfüllen und auf so viele Ämter rennen, um einen Paß zu bekommen, daß sie lieber gleich daheim blieben. Lieber sollten wir doch wiederkommen. Aber Mama will ja nicht mehr hierher.

Daß es an der Grenze mächtig streng zugeht und daß Papa und Mama auf keiner Reise so ängstlich nachgeschaut haben, ob ihre Pässe auch noch da sind – das hab ich längst gemerkt. Papa hat sogar mal gesagt: »Die sperren uns glatt ein, wenn wir uns nicht ausweisen können.« Das fällt mir ein, weil Mama eben sagte: »Vorn kommt die Grenze, gib acht.« Papa hält an, und beide wühlen in ihren Taschen. Sie sind richtig aufgeregt.

Aber ich bin es auch, denn was wird jetzt mit der Mucha? Sie ist immerhin eine polnische Mucha, die ins Ausland reist. Aber so streng wird es doch wohl nicht sein. Ich weiß es nicht, vielleicht ist es verboten.

»Versteck dich lieber«, flüstere ich leise.

Die Mucha ist weg, spurlos verschwunden. Es ist ein schlaues Ding, aber ist sie wirklich schlau genug? Wenn sie mit will, darf sie jetzt nicht fortfliegen.

Papa hat dem Grenzbeamten die Pässe durch das Fenster hingehalten, das war nicht genug. Wir müssen alle aussteigen. Sämtliche Türen stehen sperrangelweit auf, die Klappe vom Gepäckraum auch. Papa und Mama müssen jede Tasche und jeden Koffer aufmachen und alles herzeigen. Nun kommt zum Vorschein, was Tante Janka eingepackt hat: Schinken, Eier, ein Topf voll Gänseschmalz und der kleine wollene Wandbehang, der hinter ihrem Bett hing und der Mama so gut gefallen hat.

»Paß auf, dafür knöpfen sie uns Zoll ab«, sagt Papa leise zu Mama. Aber er hat sich geirrt. Wir dürfen alles wieder einpacken und weiterfahren.

Jetzt sind wir auf der Autobahn, es geht schneller voran. Papa hat gute Laune. Er singt und pfeift zur Radiomusik. Seine Zigaretten vermißt er gar nicht mehr.

Mama dreht sich zu mir herum und fragt: »Ist es sehr langweilig? Bist du müde?« Ich schüttle den Kopf.

Garantiert ist die Mucha weg. Vorhin, als sie plötzlich da war, hatte ich ein Andenken an Krystina. Es war fast, als wäre Krystina da. Nun ist das auch vorbei.

Da schwirrt die Mucha vor meiner Nase herum und setzt sich neben mich. Mein Herz hüpft richtig hoch vor Freude. Sie ist nicht weggeflogen. Sie hat sich irgendwo versteckt. Es ist wirklich die schlaueste, gerissenste Mucha, die es gibt. Hoffentlich macht sie keinen kleinen Rundflug nach vorn zu Papa und Mama. Und was wird, wenn sie mit zu uns in die Wohnung kommt?

Papa und Mama dulden dort keine Fliegen. Mama ist mit der Spraydose hinter ihnen her, und Papa fängt sie mit der hohlen Hand, er bildet sich sogar was drauf ein. Das beste wäre es, wenn die Mucha auf unserm Balkon wäre, zwischen den Geranien. Dort hat sie ein bißchen was Grünes, so wie auf der Blumenwiese. Rundherum stehen sonst ja nur Hochhäuser. Vielleicht, wenn sich die Mucha alles bei uns angesehen hat – vielleicht fliegt sie dann zurück zu Krystina. Dort hat sie es ja viel besser als bei uns. Wenn sie im hohen Bogen über die Grenze fliegt, wird sie bestimmt nicht erwischt.

Gleich morgen muß ich einen Brief an Krystina schreiben und ihr alles erzählen. Das wird ein langer Brief werden. Aber jetzt bin ich müde. Mir fallen die Augen zu. Papa rast ganz schnell an allen anderen Autos vorbei. Ich träume ein bißchen.

OPAS KATZE

Oma war tot.

Und seither war Opa nicht mehr so wie früher.

Früher hatte er soviel Unsinn gemacht, daß Anna manchmal der Bauch wehtat vor Lachen. Und seine Geschichten erst! Früher hatte sich Opa für Anna Geschichten ausgedacht, die nie ein Ende fanden – oder höchstens, wenn Oma ihn aufscheuchte. Bei Oma parierte Opa nämlich. Sie war so ordentlich und so tüchtig und so gescheit. Wenn sie etwas anordnete, stand Opa stramm und sagte: »Jawoll, Frau Hauptmann, wird gemacht!« Und wie Opa früher lachen konnte! Das ganze Haus schien dabei zu wackeln.

Jetzt lachte Opa nie mehr.

Er hockte stumm in seinem Zimmer und gab keine Antwort, wenn man etwas zu ihm sagte. Er kam auch nicht mit an den Tisch. Wenn Mama abends gekocht hatte, schlurfte er schweigend in die Küche, holte sein Essen und verschwand wieder. Am anderen Morgen stand das Tablett vor seiner Tür. Opa hatte kaum etwas angerührt. Mama seufzte und sagte: »Wir müssen viel Geduld mit ihm haben, aber es ist eine Last mit ihm. Wie verkommen er aussieht. Seine Sachen und sein Zimmer starren vor Schmutz. Er läßt mich ja nicht hinein, wenn ich saubermachen will. Und erst dieser scheußliche Zigarrenqualm. Oma wäre entsetzt, wenn sie das erleben müßte. Sie war die Ordnung und die Sauberkeit in Person.«

Papa sagte zu Anna: »Du mußt dich um Opa kümmern, hörst du? Dich hat er besonders lieb. Du mußt ihn immer besuchen, wenn du aus der Schule kommst. Erzähl ihm irgendwas. Versuch mal, ob du ihn ein bißchen aufheitern kannst.«

Papa und Mama haben gut reden, dachte Anna.

Sie waren den ganzen Tag im Geschäft und kamen erst am Abend nach Hause. Früher war Anna tagsüber bei Oma und Opa gewesen. Oma hatte mittags gekocht, und Opa hatte inzwischen mit Anna gespielt, oder er hatte ihr seine Geschichten erzählt.

Seit Oma nicht mehr da war, stellte Mama morgens irgendwas auf den Küchentisch, was Anna und Opa mittags essen sollten. Und am Abend stöhnte sie, weil sie noch für alle kochen mußte, so abgearbeitet und erschöpft, wie sie war.

Wenn Anna aus der Schule kam, ging sie zu Opa ins Zimmer. Opa saß immer auf demselben Stuhl neben seinem Bett und starrte auf einen Fleck an der Wand. Sein Gesicht war ganz mager und faltig geworden, und sein Kinn war voller weißer Bartstoppeln. Anna sah, wie seine Hände zitterten. Manchmal schüttelte er den Kopf, aber er sagte nie etwas. Er qualmte nur ununterbrochen diese stinkigen Zigarrenstumpen.

Anna setzte sich zu ihm und erzählte lauter dummes

Zeug aus der Schule. Sie merkte, daß Opa ihr gar nicht zuhörte. Nach einer Weile brachte sie aus der Küche das Essen, das Mama dorthin gestellt hatte. Meist ließ Opa es einfach stehen, und Anna räumte es später wieder weg.

Mama hatte recht. Es sah wirklich schlimm aus bei Opa. Sein Bett war zerwühlt, seine Sachen lagen überall herum, der Teppich war voller Fusseln und Zigarrenasche, und Omas schöne Blattpflanzen, ihr ganzer Stolz, waren vertrocknet.

Eine Weile blieb Anna stumm bei Opa sitzen, dann ging sie. Sie setzte sich in ihr Zimmer und machte Schularbeiten. Manchmal guckte sie später ein bißchen fern. Oder sie saß draußen vor der Haustür auf den Eingangsstufen und wartete. Sie wartete nicht auf Papa und Mama, denn die kamen noch lange nicht. Anna hätte nicht erklären können, worauf sie eigentlich wartete. Vielleicht nur darauf, daß es mit Opa wieder so wurde wie früher. Nur ein bißchen.

Aber wie früher konnte es ja nie mehr werden, denn Oma war nicht mehr da. Manchmal wurde Anna so traurig, daß sie weinen mußte.

Eines Tages erschien die graue Katze. Sie saß unbeweglich unter den Büschen und guckte Anna an.

Anna lief ins Haus und holte aus der Küche ein Schälchen voll Milch. Als sie zurückkam, war die Katze weg.

Aber am andern Tag war sie wieder da. Sie saß auf den Eingangsstufen vor der Haustür, als Anna aus der Schule kam. Aber als Anna ihre Hand ausstreckte, um sie zu streicheln, huschte sie um die Ecke und verschwand.

Anna brachte Opa das Essen und sagte: »Draußen ist eine

Katze, eine graue. Sie ist ganz scheu, sie läßt sich nicht anfassen.«
Opa gab keine Antwort. Er saß da, starrte die Wand an und ließ die Zigarrenasche mitten auf den Teller fallen. Und hin und wieder schüttelte er den Kopf, als könnte er irgendwas nicht fassen.
Anna holte Luft und redete weiter drauflos: »Im Rechnen war ich heute gut. Ich glaub, ich hab keinen einzigen Fehler gemacht. Aber im Turnen, weißt du, da bin ich eine komplette Niete. Ich krieg einfach keinen Klimmzug hin.« Anna verstummte und saß schweigend neben Opa. Dann stand sie auf und sagte: »Also, ich muß jetzt dringend Schularbeiten machen.«
Und sie ließ Opa allein.
Nach den Schularbeiten stellte Anna wieder das Schälchen voll Milch vor die Haustür. Diesmal schleckte die Katze alles auf. Danach putzte sie sich und strich um Annas Beine. Doch als Anna sie anfassen wollte, lief sie weg.

Am Tag darauf regnete es.
Die Katze saß naß und struppig da, und als Anna die Tür aufschloß, huschte sie mit ins Haus. Sie kam mit in die Küche und schleckte dort ihre Milch. Danach saß sie artig da und sah Anna unverwandt an.
»Bist du noch nicht satt?« fragte Anna und holte etwas Käse aus dem Kühlschrank. Und dann einen Zipfel Wurst und dann die Bulette, die Opa am Abend vorher nicht gegessen hatte.
Endlich hatte die Katze genug. Sie lief zur Tür. Anna machte ihr auf, und sie verschwand.
Anna setzte sich zu Opa und sagte: »Die Katze war wie-

der da. Heute war sie sogar in der Küche. Aber ich
glaube, das darf Mama nicht wissen. Sie mag doch keine
Tiere. Was meinst du?«
Opa gab keine Antwort, aber er qualmte so sehr, daß
Anna husten mußte und daß sie ihn lieber wieder allein
ließ.
Von nun an saß die Katze jeden Tag vor dem Haus,
wenn Anna aus der Schule kam. Beide aßen miteinander
in der Küche, was Mama hingestellt hatte. Und wenn
Anna eine Weile zu Opa ging, rollte sich die Katze im
Fernsehsessel zusammen und schlief. Sie schlief auch,
während Anna Schularbeiten machte. Aber danach saß sie
auf Annas Schoß und guckte aufmerksam zu, was da auf
dem Bildschirm passierte.

116

Sowie Anna das Auto von Papa und Mama hörte, nahm sie die Katze hoch und ließ sie schnell nach draußen.

Einmal, ungefähr nach einer Woche, gelang ihr das nicht mehr. Die Musik im Fernsehen war so laut, daß Anna das Auto überhörte. Plötzlich standen Papa und Mama im Zimmer, und als Mama die Katze sah, schrie sie auf.

Die Katze sprang erschrocken von Annas Schoß, huschte kreuz und quer herum und verkrallte sich schließlich in der Gardine. Dort riß sie ein Loch. Dann fegte sie zwischen Mamas Beinen hindurch, raste an Papa vorbei und verschwand durch die offene Tür.

Vor Schreck hatte sich Papa einmal um sich selber gedreht. Weil er dabei einen Regenschirm unter dem Arm hatte, scharrte er eine Schramme in die Tapete.

Beim Abendessen wurde Mama nicht fertig wegen dem Loch und der Schramme. Sie jammerte: »Unsere ganze Wohnung ist ruiniert. Wir brauchen neue Gardinen, wir brauchen neue Tapeten. Rackern wir uns dafür Tag für Tag ab, daß alles für die Katz ist?«

»Hör auf, so schlimm ist es ja gar nicht«, tröstete Papa sie, »am Wochenende reparieren und flicken wir den kleinen Schaden.«

Doch als sich Mama einigermaßen beruhigt hatte, mußte ihr Anna hoch und heilig versprechen, daß dieses fremde Katzenvieh nie wieder ins Haus kam.

Anna hielt sich an ihr Versprechen. Sie ließ die Katze nicht mehr hinein. Sie holte ihr Essen und aß es mit der Katze gemeinsam draußen vor der Haustür auf den Eingangsstufen.

Und nachdem sie Opa besucht hatte, machte sie dort

auch ihre Schularbeiten. Die Katze saß daneben und schnurrte.

Doch dann wurde es kalt und ungemütlich. Anna legte der Katze ein Kissen hin und wickelte sich selber in eine Wolldecke. Aber ihre Finger waren so klamm, daß sie kaum den Löffel oder den Füller halten konnte.

Die arme Katze tat ihr leid. Sie fror bestimmt genauso wie Anna. Anna hätte sie gern wieder ins Haus gelassen. Aber vielleicht hatte Mama recht, wenn sie sagte, daß die Katze dort Unheil anrichtete.

Bei Opa kann die Katze nichts mehr anrichten, dort sieht es sowieso aus wie in einer Räuberhöhle, dachte Anna. Papa und Mama haben bestimmt nichts dagegen, wenn die Katze dort ist – bei so einem schlechten Wetter. Und Opa merkt es vielleicht nicht einmal.

Anna schleppte die Katze in Opas Zimmer und setzte sie dort auf den Teppich.

Die Katze machte einen Buckel. Sie fauchte, und dann huschte sie unter Opas Bett.

Draußen wirbelten die ersten Schneeflocken im Wind.

Als Anna am nächsten Tag mit dem Milchschälchen zu Opa wollte und grade mit dem Ellbogen die Tür aufmachte, hörte sie, wie Opa murmelte: »Ja, ja. Schon gut.«

»Ist was, Opa?« fragte Anna.

Opa schüttelte nur schweigend den Kopf.

Auf dem Sessel am Fenster, auf dem Oma immer gesessen hatte, saß die Katze. Sie sprang hinunter, als Anna ihr die Milch hinschob. Anna strich ihr über das weiche Fell und fragte: »Warst du brav? Hast du Opa keinen Kummer gemacht?«

Die Katze schleckte die Milch. Dann lief sie zur Tür.
Anna sagte zu Opa: »Sie muß mal raus. Wir kommen
gleich wieder.«
Opa drehte den Kopf und sah ihnen nach.
Im Garten hatte der Wind an ein paar Stellen den Schnee
fortgeweht.
Die Katze scharrte mit der Vorderpfote eine kleine
Mulde und machte ihr Geschäft. Sie scharrte die Mulde
wieder zu, dann lief sie zur Haustür und hockte sich davor. Anna machte ihr auf.
Die Katze fand sofort die Tür von Opas Zimmer.
»Es gefällt ihr bei dir«, sagte Anna, als die Katze wieder
auf Omas Sessel saß und sich putzte.
»Hm«, brummte Opa. Dann verschluckte er sich an seinem Zigarrenqualm und mußte schrecklich husten. Die
Katze sprang erschrocken vom Sessel und versteckte sich
hinterm Kleiderschrank. Von dort starrte sie unbeweglich
hervor, bis Opa die Zigarre ausgedrückt hatte. Sie ging
langsam mit erhobenem Schwanz an Opa vorbei und
setzte sich wieder auf Omas Sessel.
Anna ging in ihr Zimmer, um Schularbeiten zu machen.

Als Anna einen Tag später zu Opa kam, schlurfte er in
Pantoffeln herum und hantierte ungeschickt mit dem Be-
sen.
»Machst du etwa sauber?« fragte Anna.
»Sie will es so«, brummte Opa.
Erst dachte Anna, er meinte damit Mama. Aber sie sah,
wie Opa auf die Katze zeigte, die wie gestern auf Omas
Sessel saß.
»Wie sie mich ansieht«, sagte Opa und schüttelte den

Kopf. Er bückte sich und schüttelte die Teppichecken aus. Anna war froh, daß Opa wieder was sagte, egal was. Und daß er nicht mehr rumhockte, sondern wieder auf den Beinen war. Sie kraulte die Katze zwischen den Ohren. Die Katze wälzte sich auf den Rücken und schnurrte.

Opa kehrte inzwischen alles, was er zusammengefegt hatte, unter sein Bett. Mit einem Satz sprang die Katze vom Sessel. Sie flitzte hinterher und scharrte den Kehricht ins Zimmer zurück, daß die Staubwolken hoch aufwirbelten.

Opa knurrte, wie er früher manchmal bei Oma geknurrt hatte, wenn ihm etwas nicht paßte.

Er nahm nochmal den Besen in die Hand. Diesmal fegte er alles ordentlich auf das Kehrblech und trug es hinaus in die Mülltonne.

Als er zurückkam, fragte er: »Bist du nun zufrieden?«

Die Katze saß aufrecht auf Omas Sessel. Sie leckte sich die Pfote, fuhr sich damit über den Kopf und sah Opa dabei an.

Opa fuhr sich mit der Hand über sein Stoppelkinn. Er ging zum Spiegel, dann drehte er sich um und sagte zur Katze: »Ja, du hast ganz recht.« Um Anna kümmerte er sich nicht.

Wahrscheinlich merkte er gar nicht, daß sie nicht mehr da war.

Am andern Tag staunte Anna. Opa hatte sich rasiert. Er trug ein frisches Hemd. Sein Bett war gemacht. Und auf dem Tisch lag eine saubere bunte Decke – wie früher bei Oma. Gelüftet hatte Opa auch, das Zimmer war überhaupt nicht mehr verqualmt. Die Katze lag auf Omas Sessel und schlief.

»Pst«, machte Opa und hielt den Finger vor den Mund. Anna nickte und setzte sich auf die Bettkante. Nach einer Weile wurde es ihr zu still, und sie begann zu erzählen: »Heute in der zweiten Stunde hatten wir Singen, und da...«, aber weiter kam sie nicht.

»Pst«, machte Opa noch einmal, dann sagte er vorwurfsvoll: »Du weißt doch, daß sie um diese Zeit ihren Mittagsschlaf braucht. Sie hat eben ihre Jahre auf dem Buckel und ist nicht mehr die Jüngste.«

Anna guckte die Katze erstaunt an. Sie hatte sich nie überlegt, ob es eine junge oder eine alte Katze war. Aber Opa würde es schon wissen.

»Hat sie heute schon was gefressen?« fragte Anna leise. Opa antwortete: »Wie kannst du sagen, sie frißt. Das ist respektlos, so was sagt man nicht.«

Anna hatte keine Ahnung, wieso man das bei einer Katze nicht sagte. Es war ihr auch egal. Die Hauptsache war, daß Opa wieder redete. Es war so schrecklich gewesen, wenn er stumm und unbeweglich dagesessen hatte. Vielleicht, dachte Anna, wird er doch wieder ein bißchen so wie früher.

Die Katze sprang hoch und huschte zur Tür. Anna lief mit ihr nach draußen.

»He, wo willst du denn hin, mein Liesecken?« rief Opa hinterher.

Nach einer Weile hatten Anna und die Katze genug im Garten gespielt. Anna saß am Küchentisch und aß.

Die Katze saß unterm Tisch und aß auch.

Komisch, dachte Anna, eben hat Opa zu ihr Liesecken gesagt. So hat er doch Oma immer genannt.

»Möchtest du Liesecken heißen?« fragte Anna.

Die Katze putzte sich grade ausführlich und ließ sich dabei nicht stören. Da ging die Tür auf, und Opa kam in die Küche.

»Wo bleibst du denn, Liesecken?« fragte er. »Warum läßt du mich immer so allein?« Er nahm die Katze auf den Arm und trug sie zurück in sein Zimmer.

Und dann, als Anna wieder mal Opa besuchen wollte, hörte sie schon draußen seine Stimme. Es klang wie früher, wenn er Oma irgendwas erzählte, während sie bügelte oder stopfte oder Gemüse putzte.

Vielleicht hat Opa Besuch, dachte Anna. Papa und Mama würden sich bestimmt darüber freuen, wenn sie das erfuhren. Mama verlor in letzter Zeit nämlich die Geduld mit dem stummen Opa.

Anna wollte grade leise auf Zehenspitzen weiterschleichen, um nicht zu stören. Da hörte sie, wie Opa sagte: »Es war kein Leben mehr ohne dich. Was hast du dir nur dabei gedacht, mich einfach sitzenzulassen. Eigentlich müßte ich dir ja böse sein, mein altes Liesecken. Aber das kann ich nicht. Seit du wieder da bist, geht's mir wieder gut.«

Anna bekam Herzklopfen. Nebenan sprach Opa mit Oma, das hatte sie ganz deutlich gehört. Aber es war doch nicht möglich, Oma lag doch auf dem Friedhof. Sie konnte nicht bei Opa im Zimmer sein.

Aber wenn Oma nun doch da war? Vielleicht als Geist? Vielleicht gab es ja solche Wunder, obwohl Mama immer sagte, es gibt keine.

Es gab auch keine.

Als Anna langsam und vorsichtig die Tür aufmachte, sah sie, daß Opa allein war. Er saß auf dem Sessel am Fenster, und auf seinem Schoß lag die Katze. Sie drehte den Kopf und sah Anna an. Auch Opa drehte sich herum. »Ach, du bist es, kleine Anna«, sagte er, »wir haben uns vorhin über dich unterhalten. Die letzte Zeit war nicht gut für dich, das tut uns so leid. Aber das ist jetzt vorbei.«

Anna sah sich um. Opas Zimmer war so sauber und aufgeräumt, als hätte Oma dort gewirtschaftet. Selbst Omas Blattpflanzen richteten sich wieder auf. Das Radio spielte leise. Es war fast so wie früher.

Und Opa sagte: »Wie war es heute in der Schule? Erzähl uns ein bißchen was. Wir warten schon.«

Am Abend erschien Opa nach langer Zeit wieder in der Küche.

»Ist es gestattet?« fragte er und setzte sich an den Tisch.
Mama war so verblüfft, daß sie was fallen ließ. Es war
zum Glück nur ein Holzquirl, der nicht kaputtging. Opa
bückte sich und hob ihn auf, und dabei sah Mama, daß er
die Katze auf dem Arm hatte. Sie rief: »Ist dieses Tier immer noch da? Ich hatte es Anna doch streng verboten. Ich
will es nicht im Haus haben.«
Opa stand auf und verschwand mit seiner Katze.
Als Anna im Bett lag, kamen Papa und Mama und setzten
sich zu ihr. Das machten sie jeden Abend so, denn sie
pflegten zu sagen: »Wir wollen doch auch was von unserer Anna haben.« Und Anna mußte ihnen alles erzählen,
was den Tag über passiert war. Von der Katze hatte
Anna natürlich nie etwas erzählt.
Heute fing Mama von allein davon an. »Wieso ist diese
fremde Katze immer noch da?« fragte sie. »Du hattest uns
doch versprochen, daß sie verschwindet.«

Anna sagte: »Sie ist ja gar nicht bei uns. Sie ist ja bei Opa.«

Dann holte sie Luft und erzählte alles ganz genau: daß Opa seither aufräumte und sich rasierte und nicht mehr diese alten Stinkzigarren rauchte und vor allem, daß er wieder redete. Was er allerdings alles zur Katze sagte, erzählte Anna lieber nicht. Das würden Papa und Mama sicher nicht verstehen.

Papa sah Mama an und sagte: »Wir sollten ihm die Katze lassen. Dann hat er wenigstens etwas, womit er sich beschäftigen kann.«

Mama mußte erst eine Weile überlegen. Aber dann sagte sie: »Du hast sicher recht.«

Als sie Anna den Gutenachtkuß gegeben hatten, knipsten sie das Licht aus und machten leise die Tür hinter sich zu. Anna setzte sich auf und lauschte. Sie hörte, wie Papa und Mama zu Opa gingen und bei ihm anklopften.

Und ehe Anna einschlief, dachte sie: Vielleicht erzählt mir Opa nun auch wieder Geschichten.

Sein Liesecken hat sicher nichts dagegen.

TRINES SPUK

Oft gingen Papa und Mama ja nicht fort, aber manchmal taten sie es eben doch. Und dann bestellten sie immer noch einen Babysitter, obwohl Lorenz beleidigt sagte: »Ich bin doch gar kein Baby mehr.«
Papa und Mama mochten ihn noch nicht allein im Haus lassen.
Diesmal, als sie im Nachbarort bei irgendwelchen Leuten zum Grillen eingeladen waren, mußten sie ziemlich lange rumfragen, wer bei Lorenz blieb: Es war mitten im Sommer, in der Ferienzeit waren die meisten Leute verreist. Zuletzt fanden sie aber doch noch jemanden, und Mama sagte: »Jetzt können wir beruhigt weggehen.«
»Wer kommt denn?« fragte Lorenz, denn es war ihm nicht egal, mit wem er den Abend verbringen mußte. Früher, als er wirklich noch sehr klein war, hatte Mama immer eine alte Nachbarin gebeten, die war leider inzwischen in ein Heim gezogen. Später hatte manchmal ein Student auf Lorenz aufgepaßt. Das war lustig, doch leider hatte der Student ausstudiert und brauchte die paar Mark fürs Babysitten nicht mehr.

Lorenz hatte keine Ahnung, wen Mama jetzt aufgetrieben hatte. Sie verriet es nicht und sagte nur: »Du wirst schon sehen.«

An dem Abend, an dem Mama und Papa fortwollten, wurden beide dann ziemlich ungeduldig. Papa hatte längst das Auto aus der Garage geholt, und Mama lief rum und guckte dauernd auf die Uhr.

Schließlich sagten sie zu Lorenz: »Weißt du, wir lassen dich schon mal allein. Aber hab keine Angst, der Babysitter muß gleich kommen.«

»Ist gut«, sagte Lorenz, denn es machte ihm wirklich nichts aus.

Mama und Papa waren kaum um die Ecke gefahren, da klingelte es. Und draußen stand dieses große Mädchen, diese Trine, die samstags immer im Dorfladen aushalf und die Lorenz nicht leiden konnte. Wenn er nämlich Brötchen holte, übersah sie ihn einfach und nahm immer erst die Großen dran. Einmal hatte er sich deswegen beschwert, da hatte sie nur gesagt: »Sei still, Kleiner, halt den Mund!«

Und jetzt sagte sie: »Ich soll also heute abend auf dich aufpassen.«

»Ausgerechnet du«, sagte Lorenz.

Aber es half ja nichts. Mama hatte es so eingerichtet, und Lorenz mußte mit dieser Trine nun auskommen. Er sagte einfach kein Wort. Sie futterten in der Küche die belegten Brote auf, die Mama hingestellt hatte. Immer wenn die Trine nach einem besonders leckeren Brot grapschen wollte, schnappte Lorenz es ihr schnell vor der Nase weg. Das tat schon mal gut.

Dann wollte die Trine fernsehen. Lorenz wollte es eigentlich auch, aber weil sie sich ärgern sollte, zog er heimlich den Stecker heraus und behauptete: »Unser Fernseher ist kaputt.« Er war gespannt, wie die Trine den Abend nun zubringen würde.

Sie blätterte eine Weile in den Zeitungen, und Lorenz guckte ihr stumm dabei zu. Dann stand sie auf und setzte sich draußen auf die Terrasse.

Eigentlich war es für Lorenz längst Zeit, ins Bett zu gehen. Er war sogar schon ein bißchen müde, aber er blieb auf und setzte sich auch auf die Terrasse. Da saß er nun also mit dieser blöden Trine. Was hatte sich Mama nur dabei gedacht? Das war ja eine Zumutung!

»Soll ich dir mal was erzählen?« fragte Trine.

»Ist mir egal«, sagte Lorenz, »wenn du unbedingt willst.«

»Aber du darfst keine Angst dabei kriegen«, sagte die Trine.

»Seh ich etwa so aus?« fragte Lorenz.

Das konnte die Trine schlecht feststellen. Es war inzwischen fast dunkel geworden, und auch hinter ihnen im Haus brannte kein Licht. Manchmal huschte eine Fledermaus durch die Luft. Ein paar Glühwürmchen gaukelten herum. In der Ferne war Wetterleuchten.

Trine fing an zu erzählen. Sie erzählte, daß hier, an dieser Stelle, wo Papa und Mama ihr Haus hingebaut hatten, mal eine alte Scheune gestanden hatte. Die hatte zuletzt Trines Großvater gehört, aber lange davor einem garstigen Bauern. Niemand hier war gern in diese Scheune gegangen. Nach der Ernte wurde zwar das Stroh hineingepackt, aber danach machten alle schnell, daß sie wieder fort kamen. Und überhaupt machte jeder im Dorf einen Bogen um diesen Ort.

»Aber warum? Was war mit der Scheune?« fragte Lorenz.
»Dort drin hat es gespukt«, sagte die Trine und erzählte weiter. Vor langer, langer Zeit hatte ein Knecht versucht, den garstigen Bauern umzubringen. Der Bauer hatte nämlich alle Leute, die für ihn arbeiten mußten, schandbar schlecht behandelt und ihnen nie ihren Lohn ausgezahlt. In der Scheune hatte der Knecht von hinten den Bauern angegriffen und ihn erwürgen wollen. Der Bauer hatte schon gestöhnt und gekeucht, da fiel dem Knecht mitten im Handgemenge ein riesiger Strohballen auf den Kopf – und es war aus mit ihm. Vor Schreck darüber bekam der Bauer einen Schlag – da war er ebenfalls hinüber. Seitdem spukte es in der Scheune.
»Wie denn?« fragte Lorenz gespannt.
Die Trine machte es vor. Sie stöhnte und keuchte, wie damals der Bauer gestöhnt und gekeucht hatte. »So hat sich das angehört«, sagte sie, »ganz grauslich. Aber dann ist die alte Scheune in einer Sturmnacht zusammengebrochen, und alle im Dorf waren froh darüber. Jetzt wohnt ihr hier, wo es mal gespukt hat.«
Lorenz war ein wenig unbehaglich zumute. Das konnte er natürlich nicht zugeben. Vor allem nicht vor dieser Trine. Er wippte mit dem Stuhl und starrte hinaus in die Dunkelheit. Weit weg donnerte es.
Dann hörte Lorenz etwas.
Die Trine mußte es auch gehört haben, denn sie war plötzlich da und drückte Lorenz ganz fest an sich. Fast kippte der Stuhl dabei um.
Da war es wieder zu hören! Irgend jemand stöhnte und keuchte. Genauso hatte es Trine vorgemacht. Jetzt raunte sie: »Das ist der Spuk!«

Und sie klammerte sich so fest an Lorenz, daß es richtig weh tat.

Es stöhnte und keuchte weiter, ganz in der Nähe. Es hörte sich an, als hockte jemand direkt unter der Terrasse. Doch dort konnte niemand hocken, dort hatte Papa bis obenhin das Holz für den Kamin aufgestapelt. Obwohl – einem Spuk machte so was vielleicht nichts aus. Ein Spuk kam überall hin.

»Huch!« schrie die Trine ganz laut.

Diesmal war es nur das Telefon, das geklingelt hatte. Lorenz tastete sich durch das dunkle Zimmer und nahm ab. Es war Mama, die wissen wollte, ob alles in Ordnung war. Wenn Lorenz erzählt hätte, was hier grade los war, hätte er ihr garantiert den ganzen Abend vermiest. Darum sagte er nur: »Alles ist ganz prima.« Mama war beruhigt und legte auf.

Als Lorenz auf die Terrasse zurückkam, war die Trine weg. Und als Lorenz sie im ganzen Haus suchte, fand er sie hinter der Waschmaschine im Keller.

»Mich kriegste nicht mehr nach oben«, sagte sie und klapperte ganz erbärmlich mit den Zähnen.

»Dann nicht«, sagte Lorenz und wünschte sich sehr, daß Papa und Mama jetzt hier wären. Aber sie waren nun mal nicht da, und mit der dummen Trine war nicht zu rechnen. Da dachte er: Ich werde mal beweisen, daß ich kein Baby mehr bin und daß ich keinen Babysitter mehr brauche – jedenfalls nicht so einen.

Er suchte Papas große Taschenlampe und schlich nach oben. Sein Herz klopfte wie ein Hammer. Er brauchte eine ganze Weile, bis er sich auf die Terrasse hinaustraute. Aber dann wagte er es einfach. Er leuchtete mit der Taschenlampe überall hin, unter die Stühle, in die Büsche, auf die Stufen.

Da war nichts.

Ganz langsam, Schritt für Schritt, ging Lorenz von der Terrasse hinunter in den Garten. Und dann richtete er die Taschenlampe auf das Kaminholz.

Erst war alles still.

Mit einemmal keuchte und schnaufte es wieder, genau neben den Füßen von Lorenz. Und da sah er den Spuk: Dort saß ein Igel und schnaufte.

Der Igel hörte gleich damit auf, als er angeleuchtet wurde. Aber er lief nicht etwa fort, er rollte sich nur zusammen wie eine Kugel und stellte seine Stacheln auf.

Lorenz lief zur Kellertür und rief hinunter: »Komm hoch,

Trine, der Spuk ist aus!« Dann lief er in die Küche und holte ein Schälchen voll Milch. Das stellte er vorsichtig neben den Igel und wartete.

Langsam erschien in den Stacheln die spitze Nase. Der Igel richtete sich auf, machte ein paar Schritte und schlabberte die Milch.

Lorenz hörte, wie die Trine kam und zögernd oben auf der Terrasse stehenblieb. Gleich darauf schrie sie: »Huch!«, denn der Igel hatte satt und voller Behagen ein paarmal gestöhnt. Doch weil die Trine nicht aufhörte zu schreien, ließ er den letzten Rest Milch stehen und rannte lieber davon.

»Das ist ja eine schöne Geschichte«, sagten Papa und Mama, als Lorenz ihnen am anderen Tag von dem Igelspuk erzählte. Und dann versprachen sie ihm, daß er ganz allein und ohne Babysitter im Haus bleiben dürfe, wenn sie mal wieder weggehen.

Sie gingen ja nicht oft weg.

EDDIS VOGEL

Eddi war Milchfahrer.

»Eintöniger Job, kannste glauben«, pflegte er zu Jette zu sagen, doch sie kamen ohne diesen Zuverdienst nicht aus.

Die kleine Landwirtschaft mit den paar Hühnern, einem Kartoffelacker und einer Ecke Spargel warf zu wenig ab, um Eddi und Jette über die Runden zu bringen. Darum trug Jette noch zusätzlich Zeitungen aus, das paßte gut zu Eddis Job.

Beide mußten früh um vier aus dem Bett. Jette schwang sich die Zeitungstasche über die Schulter und trabte durchs Dorf. Eddi rumpelte mit seinem Treckergespann los und sammelte die vollen Milchkannen ein, die vor den Höfen standen. Er wuchtete sie auf seinen Hänger und brachte sie acht Kilometer weiter zur Molkerei.

Die Tour hatte so ihre Tücken. Eddi mußte zweimal die Autostraße kreuzen, auf der um diese Zeit die Schichtarbeiter wechselten, und einmal mußte er über einen unbeschrankten Bahnübergang, wo mannshohe Büsche den herannahenden Vorortzug verdeckten.

Er war jedenfalls immer froh, wenn er drei Stunden später wieder daheim war. Dann kuppelte er den Hänger ab und rollte ihn in den Winkel zwischen Hühnerstall und Schuppen. Den Trecker ließ er meist mitten auf dem Hof stehen, weil er ihn tagsüber noch brauchte. Doch vorher trank er mit Jette, die um diese Zeit ebenfalls mit dem Zeitungsaustragen fertig geworden war, in aller Ruhe Kaffee. Danach spuckten beide in die Hände und machten sich an die Arbeit auf dem eigenen Anwesen.

So ging das jahraus, jahrein, tagein, tagaus.

Am Sonntag vor Ostern brach sich Eddi den linken großen Zeh, als er den Spatzendreck aus der Dachrinne holte. Der Doktor meinte, daß er bis nach Ostern daheim bleiben müsse, und Jette rief von der Post aus die Molkerei an. Dort war man nicht grade erbaut, aber es half ja nichts. Anstelle von Eddi holte jemand mit dem Molkereitransporter die Milchkannen, und Eddi konnte sich mal richtig ausschlafen. Sein Hänger und sein Trecker standen tagelang unbenutzt herum.

Mittwoch nach Ostern kam Eddi mit seinem Zeh wieder in den Gummistiefel. Während Jette mit ihrer Zeitungstasche abzog, humpelte er über den Hof, warf den Trecker an und rangierte ihn rückwärts zum Hänger. Dann kuppelte er beide zusammen. Ehe er mit dem Gespann losfuhr, guckte er nach, ob überall genug Luft in den Reifen war, sie waren nämlich mächtig abgenutzt.

Es war noch dunkel. Die Vögel warteten auf das Morgenlicht, ehe sie ihr Konzert anstimmten. Nur ein Vogel strich wie ein Schatten ständig um Eddi herum und holte ihm fast die Mütze vom Kopf. Eddi sah dem Schatten nach und erkannte ein Rotschwänzchen. Jetzt saß es auf dem Treckerverdeck, wippte mit dem Schwanz und beschimpfte ihn.

»Reg dich ab, du Zwerg«, murmelte Eddi und ging in die Knie, um lieber auch noch die alten Bremsschläuche abzutasten. Als er seine Hand wieder zurückzog, faßte er in Strohhalme und Federn und griff dann in ein Vogelnest mit zwei winzigen Eiern.

Eddi rappelte sich hoch, kratzte sich hinterm Ohr und rief: »Jette!«, aber Jette war längst mit ihrer Zeitungstasche weg.

Mann, dachte Eddi, kaum bricht man sich mal den Zeh, geht alles drunter und drüber. Er nahm sich vor, gleich nachher einen besseren Platz für das Nest zu suchen. Jetzt hatte er keine Zeit dafür. Er mußte sich ranhalten, denn die in der Molkerei hielten auf Pünktlichkeit.

Auf dem Hof von der Molkerei stand Eddi rum und wartete, bis alle Milchkannen oben auf der Rampe standen. Das Abladen war nicht seine Sache, das machten die Männer dort.

Eddi gähnte, und dabei fiel ihm das Vogelnest ein. Er war damit immerhin acht Kilometer durch die Gegend kutschiert. Womöglich waren die Eier rausgerollt, oder das ganze Nest war weg. Dann mußte sich das Rotschwänzchen eben ein neues Nest bauen. Irgendwo, nur nicht unter seinem Hänger.

Eddi legte sich auf den Bauch und guckte nach. Es war jetzt hell genug, um alles zu erkennen. Das Nest war noch da. Es war genau in das Gestänge von der Achse eingepaßt und saß fest. Aber Eddi sah noch was anderes. Im Nest hockte das Rotschwänzchen. Es brütete schon.

»Haste 'ne Panne?« fragte einer von den Molkereimän-
nern.
»Nee, ich hab 'n Vogel«, antwortete Eddi und kam unter
dem Hänger hervor.
Als alle lachten, wehrte Eddi ab: »Quatsch, doch nicht so,
wie ihr denkt. Ich hab 'n richtigen Vogel, der ausgerechnet unterm Hänger seine Eier ausbrüten will.«
Das wollten alle sofort sehen. Bald lagen die Molkerei-
männer, das Mädchen aus dem Büro und sogar der Chef,
der gerade mit seinem Auto eingetroffen war, der Länge
nach unter Eddis Hänger und bestaunten das brütende
Rotschwänzchen.
Das Büromädchen sagte bestimmt zehnmal: »Süß.«
»Von wegen süß«, sagte Eddi, der daneben stand, »soll

ich wochenlang mit einem Vogelnest rumrattern? Der
Vogel wird ja seekrank dabei.«

Der Chef von der Molkerei stand auf und sagte großzü-
gig: »Dann laß deinen Hänger hier stehen und nimm solange einen von uns.«

Er hatte gut reden. An Eddis uralte Treckerkupplung
paßte nur Eddis eigener uralter Hänger, da biß die Maus
keinen Faden ab. Er mußte weiterhin damit fahren, und
das dämliche Rotschwänzchen mußte sehen, wie es damit
fertig wurde. Es hatte sich alles selber eingebrockt, und
niemand konnte ihm helfen.

»Dann fahr aber ganz langsam und vorsichtig, alter
Junge«, riefen die Molkereileute hinter ihm her, als er sich
auf den Heimweg machte.

Sie hatten gut reden.

Eddi fuhr wie auf Eiern. Er geriet fast unter den Vorortzug, er legte auf der Autostraße den ganzen Verkehr
lahm und kam eine Dreiviertelstunde später zum Frühstück als sonst. Jette unterstellte ihm sofort, daß er irgendwo bei einem Bier hängengeblieben war. Aber da
kam sie bei Eddi schlecht an. Er zog sie nach draußen
und drückte sie unter den Hänger. »Was sagst du nun?«
fragte er. Ebenso wie das Büromädchen aus der Molkerei
sagte Jette nur: »Süß.«

»Von wegen süß«, antwortete Eddi, »untern Hänger gehört kein Vogelnest. Unser Haus steht ja auch nicht auf
einer Bohrinsel oder einem Nachrichtensatelliten.«

Das war Jette zu hoch, und sie erwiderte schlicht: »Fahr
aber immer hübsch langsam und vorsichtig.«

Auch diesen Spruch hatte Eddi bereits gehört. Alle hatten
gut reden, er hatte die Scherereien. Wenn er langsam fah-

ren sollte, mußte er von nun an statt um vier schon um drei aufstehen. Und um vorsichtig zu fahren, mußte er kilometerweite Umwege machen, um die Kreuzungen und den Bahnübergang zu vermeiden. Am liebsten hätte er dem Rotschwänzchen den Hals umgedreht.

Trotzdem sah er jeden Morgen nach, ob das Nest mit dem Vogel noch da war. Erst dann fuhr er los.

Auch die Leute in der Molkerei schauten gleich nach, sobald Eddi eingetroffen war. Ihr Getue wurde Eddi sogar lästig. Sie brachten Körner, Haferflocken, Kuchenreste und sonstwas und streuten alles unter den Hänger. Dann kauerten sie in einiger Entfernung und guckten zu, wie das Rotschwänzchen zögernd und vorsichtig aus dem Nest hüpfte, pickte und seinen Platz wieder einnahm.

»Lädt heute niemand die Kannen runter?« rief Eddi dann wohl, aber alle winkten ab. Also mußte Eddi sich auch noch an diese Arbeit machen, obwohl das nicht seine Aufgabe war. Schließlich wollte er irgendwann heim zu Jette. Wenn er endlich wegkonnte, riefen alle hinterher: »Denk dran, Eddi: langsam! Und vorsichtig!«

So ging das eine ganze Weile.

Es war nun fast hell, wenn Eddi morgens nachsah, ob das Rotschwänzchen noch da war.

Und dann war es eines Tages weg. Dafür reckten zwei Vogelkinder ihre winzigen zerzausten Köpfchen über den Nestrand und piepsten leise.

»Jette!« rief Eddi, aber Jette war mit ihren Zeitungen schon drei Ecken weiter. Eddi sah sich nach allen Seiten um und dachte: Wo ist die verflixte Vogelmutter? Wieso kümmert sie sich nicht um ihre Kleinen? Hat sie sich etwa aus dem Staub gemacht und läßt mich hier mit ihrer Brut sitzen?

Dann überlegte er: Halten diese Babys die Fahrt überhaupt aus, oder fallen sie dabei aus dem Nest? Und wer sorgt dafür, daß sie nicht verhungern?

Eddi war ganz allein mit seinem Kopf voll Sorgen. Er brüllte: »Mist!« und machte sich mit schlechtem Gewissen auf den Weg.

Bald war er wieder erleichtert. Als er nämlich anhielt und Milchkannen aufwuchtete, schoß das Rotschwänzchen mit einem langen baumelnden Wurm an ihm vorbei unter den Hänger und flitzte gleich darauf ohne Wurm wieder davon.

Alles geritzt, dachte Eddi. Gleich darauf machte er sich erneut Gedanken. Würde das Rotschwänzchen auf der befahrenen Autostraße genug Falter und Würmer finden, um die Kleinen satt zu kriegen? Eddi beschloß, diesmal lieber über einsame Feldwege zu fahren. Dort gab es blühende Hecken, zwischen denen Gräser wippten.

Während er auf seinem Trecker langsam dort entlangholperte, sah er zufrieden zu, wie die Vogelmutter pausenlos mit vollem Schnabel den Hänger ansteuerte und gleich darauf mit leerem Schnabel wieder verschwand.

Natürlich kam er viel zu spät in der Molkerei an.

Die Männer standen betreten an der Rampe, und der Chef pfiff Eddi an, weil er den ganzen Terminplan für Quark und Joghurt durcheinandergebracht hatte. Doch als Eddi die neue Lage erklärt hatte, hockten alle wieder um den Hänger und guckten zu, wie das Rotschwänzchen die Kleinen fütterte.

Eddi lud inzwischen die Milchkannen ab.

Als er wegfuhr, rief der Chef: »Eddi, nun aber ganz besonders langsam und vorsichtig!«

So kam es, daß Eddi erst gegen Mittag zu Hause eintraf. Diesmal hatte Jette recht, als sie ihm unterstellte, daß er bei einem Bier hängengeblieben war. Es waren sogar mehrere Biere, denn schließlich ist eine Vogelgeburt Grund genug zum Feiern. Eddi hatte also erst mit den Molkereileuten angestoßen, dann mit den Kunden im Genossenschaftsladen, dann mit den Gästen im Wirtshaus, dann mit dem Beamten auf dem Postamt und dann noch mit der freundlichen Dame im Kiosk. Alle waren mit ihm unter den Hänger gekrochen und hatten die Vogelkinder bewundert. Und alle hatten Eddi beschworen: »Langsam und vorsichtig, Eddi.«

So war es also gekommen, daß Eddi zuletzt mit seinem Nachwuchs heimkroch wie eine trunkene Schnecke. Kein Wunder, daß Jette sauer war.

Das ging nun wieder eine Weile so weiter. Die kleinen Vögel wurden jeden Tag ein bißchen größer und unverschämter. Sie schrien ununterbrochen, und das Rotschwänzchen sauste wie besessen hin und her, um sie satt zu kriegen.

Doch so laut wie an diesem Morgen hatten sie nie geschrien. Eddi und Jette hörten das Geschrei bis in die Schlafkammer, und Jette murmelte: »Versohl ihnen den Hintern.«

Das ist bei Vogelkindern schwierig, darum rief Eddi nur streng, als er auf den Hof kam: »Ruhe! Haltet den Schnabel!« Die Kleinen schrien umso lauter, und das Rotschwänzchen ließ sich nicht blicken.

Als Eddi zum Trecker stiefelte, sah er, daß die Katze vom Nachbarn neben der Schuppentür hockte und irgendwas benagte. Er warf ein Holzscheit nach ihr, und die Katze huschte weg. Wo sie gesessen hatte, lagen verstreut ein paar rote Schwanzfedern.

»Jette! Jette!« brüllte Eddi, doch Jette war mit ihren Zeitungen längst weit weg und hörte ihn nicht. Eddi irrte hilflos von der Schuppentür zum Hänger, vom Hänger ins Haus und von dort wieder zum Schuppen. Zwischendurch sah er hoffnungsvoll zum Himmel hoch.

Das Rotschwänzchen blieb verschwunden. Und die Vogelkinder schrien. Da vergaß Eddi alle anderen Pflichten. Er packte seinen Spaten und marschierte zum Komposthaufen. Dort wühlte er so lange, bis er eine Blechdose voll Regenwürmer hatte. Damit rutschte er unter den Hänger und hielt mal dem einen, mal dem anderen Vogelkind einen Wurm vor den Schnabel.

»Los, meine Süßen, nun eßt schön«, ermunterte er sie. Es gelang den Kleinen nicht auf Anhieb, auf diese neue Art etwas zu verputzen. Bisher hatten sie einfach den Schnabel weit aufgerissen, und das eifrige Rotschwänzchen hatte ihnen Bissen um Bissen in den Hals gestopft. Jetzt mußten sie selber zuschnappen. Das begriffen sie erst, nachdem sie immer wieder danebengezielt hatten. Dann hatten sie es kapiert, und bald darauf war die Blechdose leer. Aus dem Vogelgeschrei wurde ein mattes, sattes Piepsen. Eddi suchte auf dem Kompost nochmal Nachschub an Regenwürmern, dann machte er sich endlich auf den Weg.

In der Molkerei waren diesmal außer dem Chef auch alle anderen stocksauer. Eddi bescherte ihnen mit seinen verflixten Vögeln allmählich Überstunden. Egal, ob er morgens oder mittags oder erst gegen Abend eintrudelte, die Milch mußte schließlich verarbeitet werden.

Einer der Männer sagte sogar: »Wenn du morgen nicht pünktlich bist, Eddi, reißen wir dir den Kopf ab und stecken dich mitsamt dem Viehzeug in die Quarktrommel.«

»Es sind arme Waisenkinder«, sagte Eddi und erzählte die Geschichte vom Rotschwänzchenmord. Da verziehen ihm alle zum letztenmal. Sie guckten zu, wie Eddi die Kleinen mit Regenwürmern fütterte, und machten sich selber auf die Jagd. Einer brachte einen Heuhüpfer in der hohlen Hand, andre jagten Nachtfalter, das Büromädchen sammelte Blattläuse, und der Chef fing geschickt einen Brummer aus der Luft. Alle krochen mit ihrer Beute unter den Hänger und schnell wieder hervor, um mehr zu bringen.

An diesem Tag kam Eddi erst nachmittags heim, aber er wehrte sich gegen Jettes Unterstellungen. Er hatte keinen Tropfen Bier getrunken. Dafür war er die Feldwege entlang gerumpelt und hatte alle zwanzig Meter angehalten, um einen Happen für die Vogelkinder zu suchen. Jetzt war er genauso erschöpft wie das selige Rotschwänzchen. Jette verzieh ihm. Sie schickte ihn ins Bett und fütterte die Kleinen dann mit dem frischen Hackfleisch, das eigentlich für Eddi bestimmt gewesen war.

Es ging nochmal eine Weile so weiter.

Daheim hatte es Jette übernommen, die Vogelkinder zu füttern. Bald nahmen sie außer Hackfleisch auch noch Leber, hartes Ei und Blattspinat. Jette hielt sich nämlich nicht damit auf, auf dem Kompost oder im Gestrüpp nach Würmern, Käfern und Engerlingen zu graben oder auf

Bäume zu klettern, um Spinnen und Motten zu fangen. Manchmal bekam sie deshalb mit Eddi Streit. Eddi wollte, daß die Kleinen nach wie vor das gleiche bekamen, was ihnen ihre Vogelmutter gebracht hatte, und sagte zu Jette: »Du pfuschst der Natur ins Handwerk.«

Das war Jette wieder mal zu hoch. Wenn die kleinen Vögel überleben wollten, mußten sie fressen, was es gab. So ist nun mal das Leben, und das war Jettes Meinung. Seit sich Eddi daheim weder um die Hühner noch um den Akker noch um das Hauswesen kümmerte, ging ohnehin alles drunter und drüber. Er war nur noch für den Vogelnachwuchs unterwegs. Mal fischte er im Dorftümpel nach Larven, mal kroch er auf der Wiese rum und sammelte Schnecken, mal drehte er auf dem Hof die Pflastersteine um und suchte Schaben. »Ich ersetze den Kleinen eben die Mutter«, sagte er, wenn Jette ihn auslachte.

Die Männer in der Molkerei lachten ihn nicht aus. Sie waren auch nicht mehr sauer. Sie dachten genau wie er. Wenn er irgendwann vormittags mit seinem Treckergespann eintrudelte, empfingen sie ihn mit Schraubgläsern, Blechdosen und Zigarettenschachteln voller Insekten, Schnecken und Würmer.

Die kleinen Vögel waren groß geworden. Der gelbe Rand an ihrem Schnabel war fast weg. Sie schubsten und drängelten im Nest und schlugen bereits mit den Flügeln. Und eines Morgens, als Eddi auf den Hof kam, war ihr Geschrei verstummt. Eddi kroch unter den Hänger und fand ein leeres Nest. Er stand auf und rief: »Jette«, aber Jette trug ja ihre Zeitungen aus. Eddi war ganz verlassen und allein.

Alles war nun wieder so wie früher. Eddi fuhr mit seinem

Treckergespann los und sammelte die Milchkannen ein. Nach langer Zeit rumpelte er zum erstenmal wieder über die beiden Kreuzungen der Autostraße und über den unbeschrankten Bahnübergang. Ungewohnt früh erreichte er die Molkerei. Das Büromädchen kam ihm mit einem Glas voller Fliegen entgegen. Sie sah Eddi an, was passiert war, und begann zu heulen. Dann schraubte sie das Glas auf und ließ die Fliegen frei.

»Was ist los?« riefen die Männer von der Rampe herunter.

Eddi hob die Hände, senkte den Kopf und sagte: »Weg, einfach weg. Ohne auf Wiedersehn zu sagen.« Dann schluckte er und wandte sich ab.

Alle krochen zum Abschied nochmal unter den Hänger und warfen einen letzten Blick in das leere Nest. Dann kamen sie, schlugen Eddi auf die Schulter und sagten: »Kopf hoch. So ist das nun mal.«

Auf dem Heimweg spürte Eddi, wie aus seiner Enttäuschung allmählich Erleichterung wurde. Er gab Gas und freute sich auf das Frühstück mit Jette.